JN063464

3分でわかる！お金「超」入門

お金の専門家
加納敏彦

きずな出版

金子まるお(38)
一般企業につとめるサラリーマン
こっちは
妻の
金子のぞみ(37)

今まで
お金の心配もなく
ごくごく普通の
生活をしていた
のだが…
聞いたか…?
次のボーナス
カットされる
らしいぞ
ええ!?
この不況で
ボーナスが
減ったり

あら…ここ
つぶれ
ちゃったんだ
閉店
たまに行ってた
近所の
飲食店が
閉店してたり…

なんとな～く最近、お金への不安を身近に感じ始めている…

不況かぁ…

家計のやりくり
住宅ローン

投資とかすべき…？

お父さんお母さんまだ～？

ごめんごめん！

まぁでも

ちょこっとだけ
見てみるか…
お金の基本の
初めての投資入門
金融資産は中央銀行
または政府によって
発行されたものと
民間金融機関に
よって発行されたもの
「外部貨幣」「内部貨
「金融リテラシ
日々の家計管
資産形成、金融
金利やローンの知
ここの投資信託は
信託報酬が
割安の設定であり
評価会社の評価は〜
パタン
…
ねぇ
そろそろ
帰りましょっか
だな
今 考えなくても
別にいいか…
ねぇねぇ
ん？
なにか
言ったか？
え…？
ちょっと
こわいこと
言わないでよ

ねぇってば!!
聞こえるわね…
この本からかしら…?
パラ…
うわぁっ!!
アァーッ
いだっ
バビョン
…
べっ
ポテ。

やぁ僕は金リュウ先生だよ

みんなの頼れる
お金の専門家
金リュウ先生

ほんの少しの行動をするだけで

お金に不安がない安心な人生を送れるのに!!

も…もしかしてお金の増やし方を教えてくれるとか…!?

いや

しゅん…

増やす〝だけ〟じゃないよ
君の人生をもっと豊かで幸せにする方法だ
パァァァァ
それって一体…?

お金や仕事を「分ける」んだ

それが世の中で
何が起きても
不安や恐れに
左右されないで
自分の人生を
安心して
生きることが
できる方法だよ
分ける…？
悪いけど
オレは
難しい話は…
同じく…
必要なのは
難しい
知識じゃない
必要なのは
ちょっとした
方法を知ること
それだけさ!!
大丈夫
ニコッ

パアアアア

君たちのようにお金が苦手な人のために

僕が生まれたんだ！

プロローグ

新型コロナウイルスが日本にじわじわと広がる2020年の春。

このままだとウイルスが広がるだけでなく、経済が大変なことになる。世の中は、東日本大震災やリーマンショックをはるかに超える不況に入っていく……。

私は、それを予感しました。

6月には、国際通貨基金（IMF）という機関が、2020年の経済の見通しをこう発表しました。

「世界大恐慌に次ぐ景気後退に陥る」

8月に発表された4～6月の国内総生産も「戦後最悪の落ち込み」となってしまい、予感はどんどん現実になっていきました。

「お金の専門家である私に、今、何ができるだろう？」

自分にそう問いかけたときに、この本のイメージが降ってきたのです。

お金について不安が強くなっている方の役に立ちたい。

「これからどうなってしまうのだろう……」と、未来に悩む方を減らしたい。

「お金がニガテで……」という方に対して「こうすれば大丈夫！」と、わかりやすい対策をお伝えしたい。

そのような想いが強く湧いてきました。

お金の不安が大きくなると、人は考えることも行動することもできなくなります。

そうなる前に**「今すぐできる」対策**を、最大限わかりやすくお伝えしたい。その想いでこの本を書き上げました。

ひとつでもいいので、ピンと来た対策から、ぜひやってみていただけたら嬉しいです。

「給料がいくら入ったか？」すら見られなかった

じつは私は、お金がニガテで、向き合うことから逃げていました。

高校2年生のときのことです。両親がお金のことで揉めて、とても不仲になったことがあります。今から思うとそのときに、**お金に対する怖さやニガテ意識が刷り込まれてしまった**のかもしれません。

お金と無縁なところで世の中に役立ちたいと考え、公務員（教師）になろうと思ったのです。しかし、大学の教育学部に入ったものの、教員採用試験に挫折し、進むべき道がわからなくなりました。そして、泣く泣く就職活動をして会社員になりました。

会社員になっても、お金について考えるのがニガテでした。「給料がいくら入ったか？」や「銀行に今いくらお金があるのか？」を見ないようにしていました。

30代で会社員から**独立して、研修やセミナーの講師になったときも、参加費の入金の確認がニガテでした。**

参加者が嫌々、振り込んでいるような感じがしてしまうのです。入金が確認できても申し訳ない気持ちに勝手になっていました。

逆に未入金の方がわかっても、催促するのに気が滅入ります。つまりどちらでもつらいので、入金確認ができなかったのです。

独立直後にリーマンショック（現在のコロナショックのような経済危機）があったこともあり、独立を後悔したこともあります。

「こんなにお金がニガテでは、自営業でやっていけない……」

それを痛感しました。

そこから、お金へのニガテ意識と真剣に向き合いました。本をたくさん読み、セミナーにもたくさん通いました。

こんな私も、今では人にお金のアドバイスをする立場になりました。

お金のニガテ意識を乗り越えたときに偶然、金融機関からスカウトを受けたのです。

ご紹介と口コミだけで、延べ5000人を超える方の相談に乗ってきました。昔の自分ではまったく想像ができません。

でも、**ものすごくお金がニガテだったからこそ、同じ悩みを持つ方に役立つアドバイスができるのだ**とも感じています。

日本一わかりやすい「お金のセパレート・メソッド」

この本は「わかりやすさ」をとにかく重視して書きました。

世の中が不況や危機のときに「こういうときは、こうすれば大丈夫!」という対策をシンプルにお伝えすることに特化したかったからです。お金がニガテな方にこそ、手に取っていただきたいという願いを込めました。

ほとんどの「お金の入門書」は、残念ながら内容がむずかしいと、ずっと感じていました。

たとえるなら、台風の対策をしたいときに、台風の専門家が台風のしくみからわかりやすく解説している本を読むのに似ているかもしれません。

しくみから説明されると、ほとんどの方に

とって、それ自体がすでにむずかしいのです。

台風の対策を急いで知りたいときは「**こういうときは、こうすれば大丈夫！**」ということさえわかれば何とかなります。**この本は、お金のテーマで、それを目指しました。**

この本で一番お伝えしたいことは、**お金や働き方をひとつにしないで**「**分ける**」という**考え方**です。その方法を「**お金のセパレート・メソッド**」と名づけました。

投資の世界には「**卵をひとつのカゴに盛るな**」という格言があります。

すべての卵をひとつのカゴに入れてしまうと、カゴを落としたときにすべて割れてしまう。でも卵をたくさんのカゴに分けておけば、ひとつのカゴを落としても、残りの卵は助かるという意味です。

世の中は、新型コロナウイルスによって激変しました。貯金や働き方をひとつにしてしまうと、それがダメになったときに大きなダメージを受けます。

これからの新しい時代において、貯金しかお金を貯める方法を知らないのはリスクになります。

自分のお金をいくつかに分けると、激動の時代でもお金を守ることができます。そしてじつは、増やすこともできてしまうのです。

本書では、新しい時代に対応した、お金の守り方や増やし方をご紹介します。

働き方（**収入源**）**がひとつしかないのも、これからの時代は大きなリスクになります。**

収入も2つ以上あると安心です。世の中の変化に対応しやすくなるからです。そのカンタンな方法もお伝えします。

この本のガイドを参考に、あなたのお金や

働き方を、いくつかに分けていただけたらと思います。

「分ける」というと面倒なイメージを持つ方もいるかもしれませんが、この本ではなるべくカンタンな方法を具体的にお伝えします。

1項目3分で読めて、どこから読んでもOK！

この本の章は、**お金について考えるために大切な5つの視点、「備える」「稼ぐ」「使う」「貯める」「増やす」**で構成しています。

それぞれの章で10個ずつ、「今すぐできる対策」を書きました。

どの章からでも、どの項目からでも読めるように書いています。イラストや図解もたくさん入れました。図解だけを見ても、直感的に内容がわかるようにしています。

1項目が約3分でわかるように書いています。図解とまとめだけを読めば1章分の内容も3分で理解できるようにしてあります。

「備える」「稼ぐ」「使う」「貯める」「増やす」……あなたは、どれがピンときますか？

ぜひ、気になる章や項目から、パラパラとめくってみてください。

そして「自分に合いそうだ」と目に留まったページから、気軽に読んでみていただけたらと思います。

お金の不安は、見ないでいると、知らないうちにどんどん大きくなっていきます。

でも、少しでも対策をすると、不安は小さくなっていくのです。

あなたが最初の一歩を踏み出すサポートを、この本でできたら嬉しいです。

3分でわかる！お金「超」入門

プロローグ 010

第1章
お金の不安が消えていく ピンチのときの「お金の備え方」

「備える」① ピンチへの備えは「まとめて」してしまおう 026
「備える」② 「金」で安心が買える 029
「備える」③ まずは「金貨」を買おう 031
「備える」④ 生活費の1か月分は「タンス預金」にしておこう 036
「備える」⑤ 食料をいつも備蓄しておこう 038
「備える」⑥ 「仕事を失う」ことへの、心とお金の備えをしておこう 041
「備える」⑦ 「失業したときにお金がもらえる」ハローワークを知っておこう 044
「備える」⑧ 世の中が大ピンチのときは「国や地域のサポート制度」を上手に使おう 046
「備える」⑨ 「生命保険」の内容をしっかり理解しよう。よくわかっていない人が9割 049
「備える」⑩ お金の一部を生命保険にもしておこう 051

第2章
副業・起業で収入アップ これからの「お金の稼ぎ方」

第3章

新しい時代の「お金の使い方」
大きな支出をイチから見直す

「稼ぐ」① 稼ぎ方が「ひとつ」だとリスクが高い 058
「稼ぐ」② 会社からの「定期的な収入」と「自分の力で稼ぐ」の、両方を考えてみよう 060
「稼ぐ」③ ビジネスを「しくみ化」「自動化」する視点を知っておこう 063
「稼ぐ」④ 「月に数万円」を副業で稼ぐことをまずは目指してみよう 066
「稼ぐ」⑤ 心の奥を見つめて、自分が「本当に好きなこと」を見つけよう 069
「稼ぐ」⑥ 自分の「得意なこと」は、自分では見つけにくい 074
「稼ぐ」⑦ 「好き」と「得意」を組み合わせて「ビジネスのアイデア」をつくろう 077
「稼ぐ」⑧ お客さん像を具体的にして「本当の悩み」を見つけよう 080
「稼ぐ」⑨ ひとまずスタートしてみよう 083
「稼ぐ」⑩ ビジネスの「オンライン化」を考えてみよう 086
「使う」① 小さな節約より「大きな支出」を見直そう 090
「使う」② 毎月の「固定費」を減らすことを考えてみよう 092
「使う」③ マイホームを買うかは「慎重に」考えよう 095
「使う」④ マイホームを買った人は「いくらで売れるか」を調べてみよう 098
「使う」⑤ 住宅ローンが「オーバーローン」になっていないかを確かめよう 100

「使う」⑥ 「住宅ローンが払えなくなったらどうするか」を考えておこう 103
「使う」⑦ 家を買いたい人は「値下がりしにくい家」を買おう 106
「使う」⑧ 教育費も「新しい価値観」で考え直してみよう 108
「使う」⑨ 車を買う「以外」のサービスも検討してみよう 111
「使う」⑩ 新しい時代の「自分らしい」お金の使い方を探ろう 116

第4章

貯金が得意な人だけが知っている賢くラクな「お金の貯め方」

「貯める」① お金が貯まる「しくみ」をつくろう 120
「貯める」② 一番貯まるのは「天引き」 123
「貯める」③ 手取りの80%を使って、20%を貯めよう 130
「貯める」④ お金の出入りは「その月」でやりくりしよう 132
「貯める」⑤ お金が貯められない人は「お金の流れ」をざっくりつかもう 134
「貯める」⑥ 「ピンチ」「現状」「最高」の3バージョンの収支を考えてみよう 137
「貯める」⑦ お金のニガテ意識の奥にある気持ちを見てみよう 139
「貯める」⑧ 共働きで一番貯まるのは「ひとつの口座」での家計の管理 141
「貯める」⑨ 新しい時代の「お金」と「生き方」を考えてみよう 144
「貯める」⑩ 生活費の1～3年分や、10年以内に使うお金は「貯金」で十分 148

お金がニガテでも安全に増やせる プロにも負けない「お金の増やし方」

「増やす」① ▼ 「何のために」お金を増やすのか、目的を先に考えてみよう 152

「増やす」② ▼ 情報を「鵜呑みにしない」ようにしよう 155

「増やす」③ ▼ 投資先を「ヒト」「モノ」「カネ」に分けて増やそう 158

「増やす」④ ▼ 「稼ぐ力を高めること」と「支えになってくれる人」に投資しよう 162

「増やす」⑤ ▼ 「投資信託」で、世界中の株と債券に分散しよう 165

「増やす」⑥ ▼ 投資信託を「毎月」買っていこう 170

「増やす」⑦ ▼ 投資信託は「つみたてＮＩＳＡ」でスタートしよう 174

「増やす」⑧ ▼ 大不況に強い「投資の裏ワザ」は変額保険 178

「増やす」⑨ ▼ 「変額保険」の終身タイプで世界に投資しよう 182

「増やす」⑩ ▼ プロにも負けない「お金の増やし方」をすぐにスタートしよう 184

エピローグ 192

スペシャルサンクス 198

※この本における情報は、あくまで情報の提供を目的としたものであり、いかなる投資の推奨・勧誘をおこなうものでもありません。
この本の内容は、2020年9月1日時点の情報であり、法律・制度・商品内容などは予告なく変更になる場合があります。本書の情報については細心の注意を払っています。ただし、正確性や完全性などを保証するものではありません。個別の商品の詳細などについては、各金融機関に直接お問い合わせください。

この本の情報を利用した結果として何かしらの損失が発生したとき、著者および出版社は理由のいかんを問わず、責任を負いません。投資にかかわる最終決定は、ご自身の判断でお願いします。

※「貯金」という言葉は、狭い意味ではゆうちょ銀行やJAバンクなどに預けたお金を指すことがありますが、この本では「銀行などにお金を貯めておくこと」という広い意味で使っています。

3分でわかる!

お金「超」入門

カネ

●タンス預金

最低でも**生活費の１か月分**

（１章④）

●貯金

生活費の１～３年分

（４章）

●投資信託

とくに、つみたてNISA（ニーサ）

（5章⑤⑦）

財産の１～２割

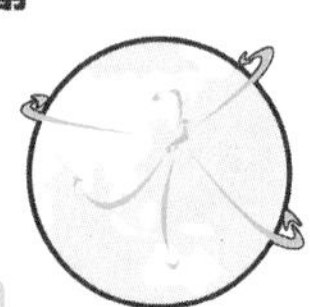

●生命保険

とくに、変額保険

（1章⑨⑩、５章⑧⑨）

財産の１～２割

金リュウ先生オススメ

「お金のセパレート・メソッド」！

対象	ヒト	モノ
例	**●自分** 「心（メンタル）を強くする」 「健康を目指す」 「稼ぐ力を高める」ことに投資 （2章） **財産の1～3割**  **●他者（人脈）** 「心の支えになってくれる人」 「経済的な支えになってくれる人」 「高め合え、支え合える人」に投資 （5章④） **財産の1割** 	**●金** まず10分の1ウォンス金貨、 次に1ウォンス金貨、 その次に地金（1章②③） **財産の1割**  **●食料** 少なくとも1～2週間分。 専門家によっては 数か月～半年分(1章⑤)  (不動産：貸したり売ったり できるマイホーム) (3章③～⑦)

この本でお伝えすることの全体像だよ。
ピンと来たところから読んでみてね

第1章

お金の不安が消えていく
ピンチのときの「お金の備え方」

備える ①

ピンチへの備えは「まとめて」してしまおう

この本を書くにあたって、1章のテーマを「お金の備え方」にしました。

不況や自然災害のような危機は、突然やってくるように見えます。でもそれらは「定期的に」やってきます。

いろいろな危機が定期的に来るなら、先に時間を取って備えをしてしまうことをオススメします。お金などの備えは、不況も自然災害も共通するところが多いので、まとめて対策ができます。

「ピンチは定期的にやってくる」

知りたくない現実かもしれませんが、大切なことなので、この章を読んでみてください。

最近だと、2008年から始まったリーマンショック、2011年の東日本大震災。地震、津波、台風、集中豪雨などの被害も各地でたくさん出ています。2020年は、新型コロナウイルスの感染症が世界的に流行しました。

地震・津波・台風・集中豪雨については、これからも被害を受ける可能性が高いです。新型コロナウイルスのような世界的な感染症も、また流行(はや)る可能性があります。世界中が密につながっているからです。

リーマンショックのような世界的な大不況も、10年スパンでこれからも定期的に起きるかもしれません。景気は好景気と不景気を繰り返すからです。コロナ不況で、これから会社が倒産したり、仕事を失ったりする可能性もあります。

しかも、さらに考えたくない現実があります。**これらのピンチが「同じ時期に」起こる。**それも十分に考えられるのです。

このように、ピンチがいつ、どのように来るかはわかりません。

目を向けると不安になるかもしれません。

でも、じつはピンチに**一度備えておけば、あとはずっと安心が続きます。**

「最悪、こうなったとして、こうすればいい」と、具体的な準備ができるだけでなく、心の準備もできるからです。

たとえば「超大型の台風がやってくる」というニュースを聞いたとしたら、あなたはニュースを見ないようにしますか？

ニュースを見ても見なくても、台風が来るときは来ます。

だったら、台風が来てもいいように備えてしまう。そのほうが、安心して過ごすことができます。

そして、本当に台風が来たとしても、被害は少なくなるはずです。

ピンチへの備えも、それと同じです。

すべてのピンチに対して、まとめて対策をしてしまう。

それが大切な考え方です。

ちょっと面倒に感じるかもしれません。

でも、一度備えれば、その後は安心が長く続きます。やってみる価値があると思いませんか？

次の「備える②」から具体的な備え方を紹介します。それを参考にして、ピンと来たものからぜひやってみてください。

ひとつやるたびに、安心が増えていくのを実感できると思います。

備える②

「金(きん)」で安心が買える

2020年6月と10月、国際通貨基金（IMF）という機関が、2020年の経済の見通しをこう発表しました。

「世界大恐慌に次ぐ景気後退に陥る」

「世界中が厳しい道のりに直面」

「世界大恐慌」とは1929年から始まった歴史的な大不況です。多くの方にとっては歴史の教科書の中の話だと思いますが、これから世界に起こるピンチが、100年に一度の歴史的なピンチと比較され始めたのです。

もちろん、本当に大恐慌になるかはわかりません。でも、大きな不況は定期的にやってくるでしょう。2020年4~6月の日本の国内総生産（GDP）も「戦後最悪の落ち込み」とニュースになりました。

これは、さらに悪化するかもしれません。そこで**大不況に向けた備えを少しでもスタートしておくことをオススメします。**

すでにお伝えしましたが、この本では、お金をいろいろなものに分ける「お金のセパレート・メソッド」を提案しています。

大恐慌のような危機への対策で安心できる方法のひとつは、**自分のお金の一部を「金(きん)」にしておく**ことです。

「**有事(ゆうじ)の金(きん)**」という言葉があります。歴史を振り返っても、世界経済が大パニックになるとき、金の値段は上がりやすくなります。

大恐慌のようなさらに大変な状況になると、物価がものすごく上がり、貯金などの価値が下がってしまう可能性もあります。

そんなときに**金を持っていると、金の価格が上がり、財産を守ることができる**のです。

金の歴史は6000年とも8000年とも言われています。その間、金は貴金属としてはもちろん、貨幣としても使われてきました。今でも金は「世界共通の貨幣」のような役割を持っているのです。

そこで、**あなたの財産の一部も、金で持っておくのがいい**と考えています。目安としては**まずは貯金の10%、最終的には財産の10%まで金にする**ことをオススメします（「財産」とは、お金に替えられるものという意味で使っています）。

たとえば、財産が貯金100万円、マイホーム2800万円、生命保険の解約返戻金が100万円だったとします。

つまり、貯金が100万円、すべての財産が3000万円ということです。

財産の一部を、金で持っておこう！

この場合、**まずは貯金100万円の10%である10万円を目安に金を買います。**

そして貯金が増えたら、財産3000万円の10%の300万円まで金を少しずつ買い足していくのです（厳密にいうと貯金が増えると財産の合計も増えますが、そこは省略しています）。財産全体のバランスは、P186〜187で解説します。

備える③

まずは「金貨」を買おう

「金を買うといっても、何をいくら、どこで買えばいいですか？」

「地金（じがね）や金貨、現物や積み立てなど、いろいろあってよくわかりません……」

こんな相談をよくいただきます。

結局、ピンチへの備えとして、何を買うのがいいでしょうか？

私は、お金がニガテな方には、**まず金貨（コイン）**を買うことをオススメしています。

金貨は1枚が数万円と、少額から買うことができるからです。また、売り買いのときの手数料がかからないことが多いです。

金貨を1枚でも買うと、ピンチの備えをスタートしたことが実感でき、気持ちが落ちつく方も多いです。

今の価格が高いか安いかは、専門家でもわかりません。

思いたったら1日でも早く「少しずつ」買ってみてください（少しずつ買うメリットは5章「増やす⑥」で解説します）。

金貨の種類はいろいろあります。金であることに変わりはないので、好みで構いません。

「ウィーン金貨ハーモニー」「メイプルリーフ金貨」「カンガルー金貨」などがあります。

最初の100万円分までは、一番小さいコインである「10分の1ウォンス金貨」を買うのがオススメです。

大恐慌などのときに、貨幣の代わりに使うこともできます。できるだけ安い金貨のほうが、買い物がしやすいでしょう。

そのあとの100~200万円分は1ウォンス金貨を買うのがオススメです。

それ以降は100グラムの地金（金塊）にしましょう。500グラム以下だと売買の手数料がかかることが多いというデメリットはありますが、貨幣の代わりにするかもしれないことを考えると、500グラムや1キロではやや大きすぎると感じます。

ただ、地金の買い方は好みで問題ありません。金貨を買わずに、小さな地金を買っても構いません。

ちなみに、現物と積み立てのどちらがいいのでしょうか？

私は「**現物を買い、自分で保管する**」のをオススメします。積み立てだと、ほしいときにすぐに受け取れない可能性があるからです。

次に、売り買いの方法についてです。

お金がニガテな方は「田中貴金属」や三菱マテリアル系列の「ゴールドショップ」など、大手の販売店で売買するといいでしょう。悪いものを買わされるリスクがなく、お客さま対応も丁寧であることが多いからです。**店頭でも電話でも売買できます。**

最後に保管と売るタイミングについて。

少額の保管ならタンス預金のようにタンスなどで問題ありません。心配な方は**自宅用の金庫を買って入れておくと安心**です。

金は**少しずつ買い足し、10年・20年と、できるだけ長く持つ**ことをオススメしています。

短期的な金の価格は上がり下がりすることがありますが、それは気にしないようにしましょう。基本的には大恐慌などへの備えだからです。

そして、**貯金や投資のお金が尽きてしまうなどの大ピンチのときに、必要な金額分を売ってください。**金を現金に換えることで、大ピンチをしのぐことができるのです。

まずは10分の1ウォンス金貨を、少しずつ買ってみよう

10分の1
ウォンス金貨

1ウォンス
金貨

今の値段が高いか安いかは
プロでもわからない。
思い立ったら「少しずつ」
買っていくのがオススメだよ

金リュウ先生オススメ！
金はこうやって買おう

財産の10%を目安に、少しずつ買い足していこう

最初の100万円まで	**10分の1ウォンス金貨** ※重さ約3g 1枚、数万円	CANADA
次の100〜200万円	**1ウォンス金貨** ※重さ約31g 1枚、数十万円	
それ以降	**100gの地金(じがね)（金塊）**	A00001 100g FINE GOLD 999.9

※金貨にはここで紹介した「10分の1ウォンス金貨」と「1ウォンス金貨」以外にもさまざまな大きさのものがあります。話をシンプルにするために2つだけ紹介しましたが、他の大きさのものを選んでも問題ありません。

現物か積み立てか	**現物**がオススメ
買う場所	**大手の販売店**がオススメ ・田中貴金属 ・三菱マテリアル系列の「ゴールドショップ」 ・石福金属興業 ・徳力本店 など
売り買いの方法	**店頭**でも**電話**でもできる ※1日の販売人数の制限や、 販売中止になるときがあります。 まずは電話で確認するといいでしょう。 電話で買うときは、お金を振り込むと、 自宅まで郵送で届けてくれます。 電話で売るときは、金を郵送すると入金されます。 ※買うときに身分証明書が求められます。 クレジットカードは使えません。 ※買うときより、売るときのほうが価格は下がり、 手数料がかかることもあります。 必ず電話で確認してください。
保管の方法	**タンス預金、金庫**

知っトクとオトク! 無料プレゼント

本で紹介し切れなかった、**詳しい「金の買い方、売り方」**を
無料のFacebookグループ内で詳しく解説!
ぜひチェックしてみてね!

https://facebook.com/groups/kanotoshi/

備える④

生活費の1か月分は「タンス預金」にしておこう

地震や大不況で世の中がパニックになると、銀行窓口やATMが一時的に閉まってしまうことがあります。また、新型コロナウイルスなどの感染症のときも、窓口やATMは人が密集しやすくなり、気軽に行きにくくなるかもしれません。そんなときの備えは、どうすればいいでしょうか？

ズバリ、お金が下ろせなくなるリスクへのオススメの備えは、**「現金」をいつも手元に置いておくこと**です。

自分のお金を分ける「お金のセパレート・メソッド」の一環として、財産の一部を現金にしておくことをオススメします。

「キャッシュ イズ キング」（現金は王様）という言葉もあります。不況のときは株価なども下がりやすいです。その点、現金は不況のときに強いので、持っておくと安心です。

手元に置いておく目安は、生活費の1か月分です。 1か月あれば、窓口やATMが復旧するだろうという想定です。

たとえば月の生活費が20万円の方は、20万円を家に置いておくといいでしょう。

1か月では不安だという方は、もっと置いておいても構わないので、タンス預金をしておきましょう。もちろんタンス以外の場所でも構いません。

財産の10％までを現金にして自宅に置いておくのもいいかもしれません。

ただ、あまりたくさんの現金を家に置いておくと、今度は盗まれる心配や火事で燃えてしまう心配が出てくるかもしれません。

そこで、心配な方は**自宅用の金庫に、金といっしょに入れておくか、銀行の貸金庫に入れておくと安心**です。

自宅用の金庫には大きく2つのタイプがあります。持ち運べる「手さげタイプ」と、家に設置する「据え置きタイプ」です。

盗まれる心配や火事や浸水の心配を考えると、**オススメは耐火・耐水の「据え置きタイプ」**です。

手さげタイプのほうが安いものが多いです。でも、据え置きタイプの金庫でも、安いものだと数千円から販売されています。「自宅　金庫」「家庭用金庫」などとインターネットで検索すると、いろいろと出てきます。予算や目的に合わせて選んでみてください。

また、**家の火災保険の特約で「盗難補償」があります。**それに入っておくと、現金や金などが盗まれたときも、ある程度は補償されます。火災保険の加入のときや更新のときに、検討するのもいいかもしれません。

ただ、火災保険では、現金が燃えてしまったときの補償はありません。そういう意味でも、家に置く金額が多い方は、耐火性の強い金庫（あわせて耐水も）に入れておくと、より安心できるでしょう。

生活費の１か月分を「タンス預金」で現金で持っておこう

もう少し多めに持ちたい人は
財産の10%まで増やすのも
オススメ。
そのときは金庫の検討もしよう

備える
⑤

食料をいつも備蓄しておこう

新型コロナウイルスの広がりで「非常事態宣言」が出たことは、記憶に新しいところです。外出の自粛を求められ、一部のスーパーでは、食料品を中心に一時的に在庫がなくなりました。

地震や台風などの自然災害が来ても、スーパーなどにしばらく行けなくなるかもしれません。

このようなときも、「お金のセパレート・メソッド」が役に立ちます。

外出できなくなるときへのオススメの備えは金貨や現金だけでなく、**自分の財産の一部を「食料」にしておく**ことです。

とくにお米や塩は、お金が生まれる前から、今のお金のような「交換の道具」の役割をしていたという話もあります。

世界的な不況のときは、今のお金のように、交換の道具にもなる可能性もあります。

生きるためにも、お金の代わりとしても、お米や塩を多めに備蓄しておくといいかもしれません。

非常食などと合わせて、**少なくとも1～2週間は外出しなくても大丈夫なように、食料を準備しておく**ことをオススメします。

お金と置き場所に余裕がある方は、もっとたくさん備蓄しておくと、さらに安心できるでしょう。専門家によっては数か月～半年分の備蓄を勧める人もいます。

食料品の備蓄のくわしいやり方は、農林水産省のガイドがとてもわかりやすいです。「緊急時に備えた家庭用食料品備蓄ガイド」で検索してみてください。レシピ案や、チェックリストもついていて便利です。

このガイドでは、**自然災害に対して「最低でも3日分、できれば1週間分程度を確保」、新型インフルエンザなどの流行に対しては「食料は2週間分程度を備蓄することが望ましい」**とあります。

ただし、このガイドは、新型コロナウイルスの流行前に書かれていますので、そこには注意が必要です。

長期的な外出の自粛も想定すると、食料の備蓄はもう少し多めにしておいたほうがいいと思います。

ただ、自然災害の備えは、食料の備蓄だけでは足りません。**電気やガス、水道などが使えなくなることも考えておく必要があります。**

カセットコンロとガスボンベ、懐中電灯や小型ラジオ、太陽光で充電できるスマートフォンの充電器なども準備しておくことをオススメします。

さらに、感染症が流行っているときは、災害時に避難所に行くのもリスクがあります。三密（さんみつ）になりやすいからです。

災害で自宅などが危険になりそうなとき、避難所に行くのか？　それとも、家族や友人宅など他のところに避難するのか？　そういうことを先に考えておくと、ピンチのときも落ち着いて行動できるでしょう。

食料品は、最低１～２週間分をいつも備蓄しておこう

お金と置き場所に余裕がある人は数か月～半年分の備蓄をしておこう

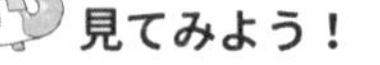

見てみよう！

「緊急時に備えた家庭用食料品備蓄ガイド」農林水産省

レシピ案やチェックリストもついていて便利だよ。
https://www.maff.go.jp/j/zyukyu/anpo/gaido-kinkyu.html

備える⑥

「仕事を失う」ことへの、心とお金の備えをしておこう

地震、伝染病の流行、大不況など、何がいつ起きてもおかしくありません。そんなときは、自分や家族が**仕事を失ってしまうリスク**があることを考えなければなりません。**病気やケガなどで、働けなくなってしまう可能性**もあります。

私もこういうことを、積極的には考えたくはありません。

でも、**万が一そうなったときのことを想像して対策を考えておくと、心の準備ができます。そうならないように、先に手を打つこともできます。**

その結果、最悪なことが起こる可能性が減り、うまくいく可能性が高くなるのです。

これは心理学でも証明されています。「最悪を想定して計画する」ことを「コーピングイマジナリー（想像上で対処する）」と言います。それをすることでうまくいく確率が上がるのです。

仕事を失うリスクに対してのオススメの備えは「**人に頼ること**」と「**自分で備えること**」**の両方を、今から考えておく**ことです。

貯金があまりない方は、もし仕事を失ったときに「誰に頼れるか」を、とくに真剣に考えてみてください。

一時的に実家に帰る、泊めてくれそうな友人・親戚を探すなどが考えられます。頼り先があると思えれば安心することができます。

このためというわけではありませんが、人との関係を日ごろからよくしておくといいでしょう。連絡をマメに取ると、仲よくなりやすいという心理的効果（単純接触効果）もあります。まずは、用事がなくてもいいので連絡してみるといいかもしれません。

そして、貯金の習慣づくりを今から少しずつスタートすることもオススメします（お金の貯め方は4章でくわしく紹介します）。**もし自分で備えるなら、生活費と家のお金の1〜3年分を貯めることを目指しましょう。**そうしておけば、もし収入がなくなっても1〜3年間は暮らしていくことができるからです。

お金の余裕が心の余裕をつくります。そして、お金と気持ちに余裕があると、次の転職や副業もスムーズに行きやすくなるのです。

また、あなたの仕事や業界が不況に強いのか？　それを今のうちに冷静に分析してみるのもいいかもしれません。とくに、1年前と比べて業績が落ちている場合は、それが一時的なものなのか、しばらく続きそうなのかを、しっかりと考えてみる必要があります。

たとえば、新型コロナウイルスの影響で、仕事どころか「業界ごと」なくなってしまうとまで言われるところもあります（P43参照）。

あなたの仕事や業界が不況に弱いと感じたら、転職や副業などを今から準備しておくといいかもしれません。少しずつでも準備しておくと気持ちが安定し、うまくいく可能性が高くなります（副業で稼ぐ方法は2章でご紹介します）。

もちろん、準備をしっかりしない安易な転職や起業はやめておくべきです。しっかり準備をして、ベストなタイミングを計ることが大切です。

失業したり、病気やケガで働けなくなったりしたときの備えをしておこう

人に頼ろう	自分でも備えよう
・誰に頼れるかを真剣に考えてみよう ・その人との関係を日ごろからよくしておこう	・生活費と家のお金の1～3年分を貯めよう ・貯金の習慣づくりをスタートしよう

業界分析の参考

新型コロナウイルスの影響で、アメリカのメディアで**「業界ごとなくなる」と言われ始めた業界「BEACH」**

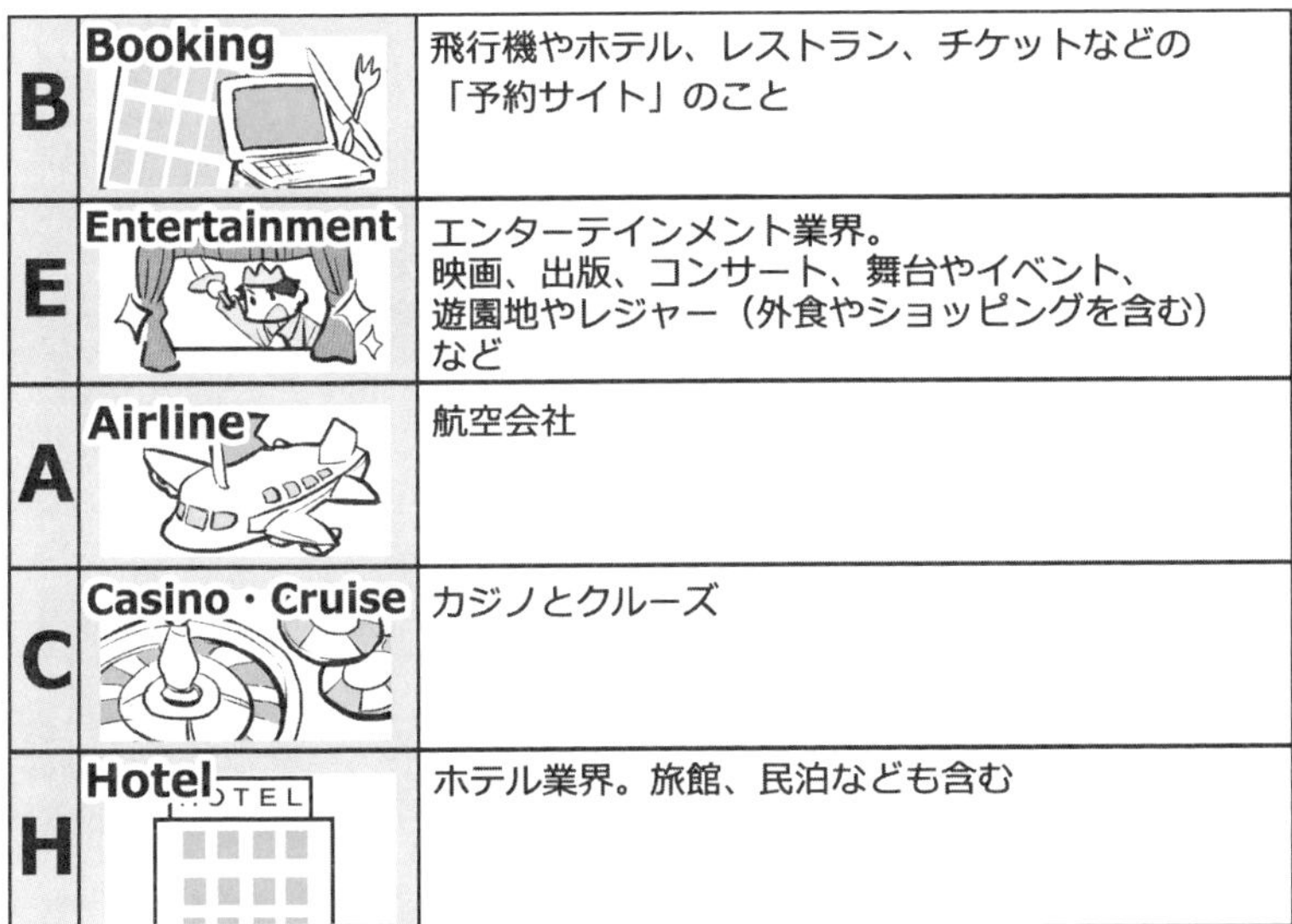

B	Booking	飛行機やホテル、レストラン、チケットなどの「予約サイト」のこと
E	Entertainment	エンターテインメント業界。映画、出版、コンサート、舞台やイベント、遊園地やレジャー（外食やショッピングを含む）など
A	Airline	航空会社
C	Casino・Cruise	カジノとクルーズ
H	Hotel	ホテル業界。旅館、民泊なども含む

自分の仕事や業界が不況に強いのかを冷静に分析してみよう

備える⑦

「失業したときにお金がもらえる」ハローワークを知っておこう

会社員の方が仕事を失ってしまったときは「人に頼る」「自分の貯金でしのぐ」以外にも、頼ることができる制度があります。

国（厚生労働省）から、お金（失業手当）がもらえることがあるのです。

担当部署は「ハローワーク」と言い、正式な名前は「公共職業安定所」です（公務員に失業手当はありませんが、似た制度として「退職手当」があります）。

国のサポート制度があることを知るだけでも、失業への怖さが減るかもしれません。

ただ、お金がもらえるかどうかはこまかい条件があり、かなり複雑です。

一般的に、自分の都合で退職をしたときは、最初の3か月はもらえないことが多いです。

ただ、条件によってはもらえることもあります。それを厚生労働省は「正当な理由のある自己都合」と言っています。体や心の不調などによる退職も正当な理由になることがあります。

派遣社員など非正規職員の方は、期間満了で退職になると「会社都合」となります。失業1か月目から給付がもらえることが多いです。

会社を辞めて起業したときも、条件によってはもらえることがあります。会社を辞めたあとに求職活動と並行して、起業の準備をした期間があれば、もらえることもあるのです。

また、再就職が早く決まったときに受け取れる「再就職手当」もあります。

以上、カンタンに書きましたが、受給にはこまかい条件がいろいろとあります。失業手当を出すかの最終的な判断はハローワークがします。失業しそうになったとき、失業したときには、ハローワークに早めに問い合わせをするといいと思います。

「**失業についてはハローワークに相談する**」ひとまずこれを覚えておけば大丈夫です。

ここでひとつ注意点があります。ハローワークは市区町村ごとにあるわけではありません。雇用保険の手続きなど、管轄のハローワークに行かないとできない手続きもあります。ハローワークに行く前に、近くのハローワークに電話をしてみてください。そして、管轄の場所を先に確認しておくことをオススメします。

ハローワークに限らず、公的なサポート制度は説明がむずかしいことが多いです。**ホームページを読んでもわからないときは、遠慮せずに電話して聞いてみてください。**

ただ、新型コロナウイルスなど感染症が流行すると、電話がつながりにくくなることがあります。そういうときは、根気よくかけ続けてみてください。

失業については「ハローワーク」に相談しよう

備える⑧

世の中が大ピンチのときは「国や地域のサポート制度」を上手に使おう

大きな地震や伝染病の流行など、日本中が大ピンチになることもあります。

そのようなときは、国や地域のサポート制度が整えられることが多いです。**お金がもらえたり、利子なしでお金を借りられたりすることがあります。**

自分でする備え以外もあることを知って、上手に活用しましょう。

ただ、世の中が大ピンチのときは、いくつもの役所がいろいろな制度を打ち出します。お金の専門家である私でもわけがわからなくなりがち。調べるだけでも大変です。

そこで、自分が使える制度を上手に見つける方法は、**お住まいの「市区町村などのホームページ」をチェックしてみること**です。

制度の説明はむずかしいことが多いので、理解できなくても大丈夫です。

ホームページに書かれている「相談窓口」を探してください。見つかったら電話するか、窓口に行って相談してみましょう（まれに、オンライン対応のみのこともあります）。

都道府県や国の制度がある場合も、窓口の担当者が紹介してくれることが多いです。

ただし、自分もパニックや不安になってしまい、自分で調べたり電話をしたりすることができなくなってしまうこともあります。そういうときは、**早めに人を頼ることも大切です。**家族や友人に、代わりに調べてもらうようにしましょう。

国や地域のサポートを頼っても、ご自身のピンチを切り抜けられそうにないときは、国のさらなるサポート制度もあります。「生活保護」と「任意整理・個人再生・自己破産」です。

【生活保護制度】
生活が苦しい人を保護し、自立をサポートする制度

【任意整理・個人再生・自己破産】
大きな借金を抱えて苦しんでいる人の生活を再生するための制度

「生活保護」や「自己破産」などというと、ネガティブなイメージを持たれている方もいるかもしれませんが、**どれも法律で決められた正式な制度**です。

生活保護や自己破産などを積極的にオススメしているわけではありません。

でも「もし生活保護や自己破産などになったとしたら、どんな生活が待っているのだろう」と知っておくことで、少しは安心できると思います。

そして、知ることで、そうならない確率を高めることもできるのです。

くわしい内容については、次ページで図解にまとめていますので、チェックしてみてくださいね。

「国や地域のサポート制度」を上手に使おう

お住まいの市区町村などのホームページをまずはチェック

相談窓口に電話か訪問

担当者に相談に乗ってもらう　　担当者でなければ、担当部署に回してもらう

生活が苦しいときのサポート制度

生活保護制度ってなに？	**生活が苦しい人を保護し、自立をサポートする制度** 相談や申請の窓口は、お住まいの地域の「福祉事務所」の「生活保護担当」

借金で苦しいときのサポート制度

任意整理ってなに？	**毎月の返すお金や借金の総額を減らす制度** 利息のカットや、返済する期限を延ばす交渉をする
個人再生ってなに？	**借金が返せないことを裁判所に申し立て、借金を減らしてもらう手続き** ※自宅などの財産は失わないで済む
自己破産ってなに？	**借金が返せないことを裁判所に申し立て、返すのを免除してもらう手続き** ※自分の財産も手放す必要がある

司法書士や弁護士の事務所が無料の電話相談をしていることが多い。必要なときは相談してみよう

備える
⑨

「生命保険」の内容をしっかり理解しよう。よくわかっていない人が9割

ピンチに自分で備える代表的な金融サービスに、生命保険があります。

しかし残念ながら、経験上**9割以上の方が、ご自身の生命保険の内容をよくわかっていないか、勘違いしている**のが実情です。

多くの方が理解できていない、または勘違いしている3つのポイントは次のものです。

(1) どんなときにお金が受け取れる？
(2) いつまでの契約？(期間限定？ 一生涯の保障？ 混合タイプ？)
(3) かけ捨てタイプ？ 積み立てタイプ？ 混合タイプ？

「終身保険と書いてあるので一生涯の保障だと思っていたら、ほとんどの保障が途中で切れる混合タイプだった」

「積み立てタイプだと思っていたのに、ほとんどがかけ捨ての混合タイプだった」

相談に乗っていると、こういう勘違いが本当に多いので、ご注意ください。

生命保険は定期的な復習がかかせません。

2～3年に1回は、生活に変化がなくても、担当者に内容を復習してもらうことをオススメします(担当者がいない場合は、お客様窓口に相談してみてください)。

そして、先ほどの3点を質問して、自分で理解できるまで説明してもらってください。

内容を忘れても思い出せるようにポイントをメモに残しておくのもいいかもしれません。

生命保険は、定期的に見直したり復習したりしよう

生命保険の内容で、確実にわかっておきたい**3つ**のポイント

1
どんなときにお金が受け取れる？

2
いつまでの契約？
・期間限定？
・一生涯の保障？
・混合タイプ？

3
かけ捨てタイプ？
積み立てタイプ？
混合タイプ？

そうすれば、忘れてしまってもすぐに思い出せます。

ライフプランに変化があるときは、保障の内容や金額を見直すタイミングです（P55を参照）。このときは定期的な復習とは別に、担当者に相談することをオススメします。

また、担当者に相談に乗ってもらうときは、**公的な保険制度もあわせて説明してもらう**といいと思います。ピンチのために備える保険には、民間の生命保険以外にも、国がやっている公的な制度もあるからです。

民間の保険と公的な保険とで、保障の内容が重なるところもあります。

逆に、こういう説明はしてくれず自社の商品ばかり追加の営業をする担当者は、誠実ではないかもしれません。そのときは担当の変更も検討するといいでしょう。

備える⑩

お金の一部を生命保険にもしておこう

「お金のセパレート・メソッド」として、お金の一部を生命保険に分けておくことをオススメします。

生命保険には「契約者保護機構」があります。大恐慌などでもし会社が破綻しても、一定の保護があるので、分け先のひとつにいいと考えています。

この項目では、より具体的にオススメの生命保険をお伝えします。

ただし、やや専門的で、むずかしく感じる方もいるかもしれません。そのときは前項で書いたように、生命保険の担当者に相談して、担当者にこの項目を読んでもらうのもいいかもしれません。

生命保険は、次の2つの観点×2パターンで、大きく4つに分かれます（P54参照）。

【観点1　期間】

保障の期間はある？

期間がなく、ずっと続く？

【観点2　積み立て】

積み立て機能がある？　ない？

これをふまえて、お金のかしこい備え方として、オススメの生命保険を紹介します。

◆貯金が苦手な方にオススメ

↓積み立て機能がある保険（養老保険・終身保険）

生命保険は自動で引き落としがされます。だから自分の意志とは関係なく、積み立てが続きます。保障もあるので、気持ちとして「解約しにくい」という方が多いです。

ただ、注意点もあります。前項で書いたように、**積み立て機能がある終身保険・養老保険と、積み立て機能がない定期保険の「混合タイプ」が多く販売されています。**

自分が払っている保険料の何パーセントが積み立てに充てられているかを、正しく把握していない方もいます。担当者に確認して、正しく理解しましょう。

日本は低金利が長く続いています。日本円での積み立てだと、積み立て部分があまり増えないのが実情です。それで、各保険会社は**アメリカドル建てなど、日本円より利率が高い外国の通貨での養老保険・終身保険**なども開発しています。

◆お金は苦手、でも増やしたい方にオススメ↓積み立てたお金を株や債券で運用できる、変額保険

株や投資信託などで投資しなくても、生命保険も兼ねて運用ができます。養老保険・終身保険には、積み立てたお金(「解約返戻金」と言います)を**株や債券で運用できる「変額保険」**という商品もあります(一部の会社では定期保険もあります)。変額保険は、投資の要素が強い保険なので、5章「増やす⑧⑨」で解説します。

◆ピンチに役立つ生命保険のオススメの制度

契約者貸付:自分の保険の解約返戻金の7~9割までを、銀行のローンなどより安い金利で借りることができる

これは「貸付」という名前ですが、借金ではありません。自分が受け取る権利があるお金を引き出しているだけだからです。しかも、保険は解約していないので、残りの保障はついたままです。**保険を残しながら、家計がピンチのときにお金を引き出せるのです。**

このように、お金のピンチに意外と対応しやすいのが生命保険です。そこで財産の1〜2割を生命保険で積み立てておくことをオススメします。

自分の財産の1〜2割を、生命保険に分けておこう

「お金のセパレート・メゾット」で分けるのにオススメの生命保険

日本円の 養老保険・終身保険	アメリカドルなど 外国通貨での 養老保険・終身保険	株や債券で運用する 変額保険 （5章⑧⑨で解説）
	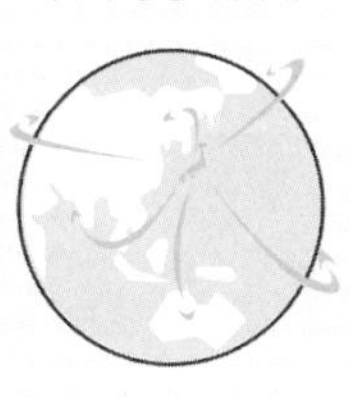	

ピンチでお金が必要なときも「契約者貸付」で自分の保険の解約返戻金の7〜9割まで、安い金利で借りられるよ

知っトクとオトク！無料プレゼント

本に入りきらなかった**「生命保険でお金を貯めるメリット」**を
無料のFacebookグループ内で詳しく解説！ぜひチェックしてみてね！
https://www.facebook.com/groups/kanotoshi/

生命保険を正しく知って見直そう

生命保険には大きくわけて4つの種類がある。まずはここをつかもう

	積み立ての機能がない	積み立ての機能がある
期間がある	定期保険	養老保険
期間がない	終身保険（無解約返戻金型など）	終身保険

※「長期定期保険」という、途中まで積み立て機能のある定期保険もあります。

こんなときは、生命保険を見直そう

病気が心配になったとき 病気になってしまうと、保険に入れなくなったり、保険料が高くなったりすることがある。病気が心配になったら気になる前に考えよう。
結婚するとき 生命保険が、自分を守るだけでなく、パートナーを守るためのものにもなる。結婚前に、お互いにどんな保険に入ってほしいかを話し合ってみよう。
子どもが生まれるとき 生まれてからあわてて見直すご家庭も多い。妊娠がわかったらすぐに見直そう。
家を買うとき 住宅ローンに「団体信用生命保険」という生命保険がついているときがある。このときは、加入している生命保険を減らせるかもしれないので、見直そう。
収入に大きな変化があるとき 就職するとき、昇進するとき、転職・独立するとき、仕事を引退するときなど。収入が変わると、備えるべき保障の金額が変わるときがある。支払える保険料も変わるかもしれないので、保険を見直そう。
子どもが働きはじめたとき、仕事を引退したとき 家族が困らないようにと入った死亡保険を減らせるかも。 自分が亡くなったときより、病気や介護になったときの心配が出てくることが多いので、保障を見直そう。

ライフプランに変化がなくても
2~3年に1回は定期的な復習をしよう

１章のポイント

・さまざまなピンチが定期的に来るので、
１回まとめて対策してしまおう。

・「金」「タンス預金」「食料の備蓄」「生命保険」で、
ピンチに備えよう。

・「ハローワーク」「生活保護」など、
国や地域のサポート制度も知っておこう。

副業・起業で収入アップ
これからの「お金の稼ぎ方」

稼ぐ①

稼ぎ方が「ひとつ」だとリスクが高い

会社がいつ倒産したり、自分がいつ失業したりするか、わからない時代になりました。

これからの時代は、リスクが高くなります。稼ぎ方（収入源）がひとつだと、

その収入源がなくなってしまったら、収入が一気にゼロになってしまうからです。

会社にお勤めの方は、自分の意志とは関係なく定年があります。自分の意志で稼ぎ続けられるように準備しておくことは、人生100年時代を生き抜くためにも大切です。

お金を分ける「お金のセパレート・メソッド」は、稼ぎ方でも効果的です。

稼ぎ方（収入源）を複数に分けるのです。

お金持ちの多くは、これをやっています。

会社員のほとんどの方は、収入源がひとつしかないのではないでしょうか。

そういう方は**まず「2つ」の収入源を自分で持つことを目標にする**といいでしょう。

また、主婦や主夫の方も、この章を参考に、自分で稼ぐことを考え始めてみてください。

これからの時代は、「共働き」として稼ぎを2つ以上持つことが、経済的にも精神的にも安定しやすいと考えています。

では、どのように稼ぎ方を分けたらいいのでしょうか？

私は稼ぎ方を**「従業員」「自営業」「ビジネスオーナー」「投資家」の4つから考えてみる**ことをオススメしています。

そのヒントになる考え方は『金持ち父さん貧乏父さん』が世界で3000万部のベスト

4つのうち「2つ」以上で稼ぐことを考えてみよう

4つの稼ぎ方を知ろう

従業員	ビジネスオーナー
組織に属してお金を受け取る  例：会社員（正社員、契約社員、派遣社員を含む）や公務員、パート・アルバイトなど	持っているビジネスからお金を受け取る  例：薬局やクリーニング店などのフランチャイズ店の複数店舗のオーナー、会社の会長、作家など
自営業	**投資家**
自分で仕事をしてお金を受け取る  例：自営業やフリーランス、現場で指揮をとる経営者、副業など	投資先からお金を受け取る  例：株を長期で持って配当を得ている人、不動産の家賃を得ている人など

※ロバート・キヨサキ著『金持ち父さんのキャッシュフロー・クワドラント』を参考に作成

セラーになっているロバート・キヨサキ氏からいただきました。

私は、この4つの稼ぎ方（収入源）の「2つ」以上から収入を得ることが大事だと考えています。いろいろな収入の流れをつくっておくと、時代の変化に対応しやすいからです。

次の項目から、4つの稼ぎ方の紹介と、その稼ぎ方のメリット・デメリットをお伝えします。「今の稼ぎ方以外からの収入を得られないだろうか？」とアンテナを立ててみてください。

稼ぐ②

会社からの「定期的な収入」と「自分の力で稼ぐ」の、両方を考えてみよう

この項目では「従業員」と「自営業」の稼ぎ方のメリットとデメリットをお伝えします。

【従業員】
組織に属してお金を受け取る稼ぎ方をしている人。
例：会社員（正社員、契約社員、派遣社員を含む）や公務員、パート・アルバイトなど

【自営業】
自分で仕事をしてお金を受け取る稼ぎ方をしている人。
例：自営業やフリーランス、現場で指揮をとる経営者など

副業で稼ぐことも自営業に入る。
多くの場合、お客さんを見つけるところ（営業）からサービス提供まで、ビジネスの全体を自分でおこなう

裁量は少ないけれど安定収入を得やすい「従業員」に対して、裁量で稼げるけれど収入が不安定になりやすい「自営業」。

どちらの稼ぎ方もメリットとデメリットがあります（P62を参照）。

そこで、片方からではなく、**両方からお金が入ってくるほうがいい**と考えましょう。

「従業員」の方は、「自営業」的な稼ぎ方を

足して、収入をアップさせることを考えてみることをオススメします（「稼ぐ④〜⑩」でじっくり説明します）。

ただし、今の勤め先を安易に辞めないようにしてください。**まずは副業からスタートすれば、ビジネスの準備が安全にできます。**

「自営業」の方も、今の本業以外に副業を足せないか考えてみてください。

そして「自営業」の方は、この「従業員」的な稼ぎ方も加えて、収入を安定させられないかと、ぜひ考えてみてください。

たとえば、こんな案が考えられます。

◆**「自営業」が「従業員」の稼ぎ方も加えて、収入を安定させる例**

・自営業をしながら、企業の派遣社員やアルバイトとしても少し働く
・兼業や副業が公認の会社で、自営業をしながら正社員で働く
・ベンチャー企業の外部パートナーとして、定期的な報酬を受け取る

本業のスキルや知識が活かせると理想です。たとえば、自営業でプログラマーをしている人が、企業でもプログラミングの仕事ができれば、よい効果が両方へ期待できます。

変化の激しいこれからの時代は、安定的な収入が心の安定にもつながります。

「自営業」の方が会社勤めをするとモチベーションが下がる場合もありますので相性や適性もありますが、ぜひ、発想を広げて考えてみてください。

「従業員」と「自営業」の稼ぎ方を知って、両方から収入を得ることを考えてみよう

	メリット	デメリット
従業員	・**安定的な収入**を得やすい ・時間外や深夜に働くと、**手当**がつく ・**働く時間や休み**が決まっている ・**ビジネスの一部**だけを担えばいい ・**社会保障**が厚い など	・自由な裁量が少ない ・個性が尊重されにくい ・才能を磨きにくい ・成果が収入に反映されにくい ・定年がある ・倒産やリストラで仕事を急に失うことがある など
自営業	・**自分の裁量**で決められる ・**実力やスキル**を磨きやすい ・成果が収入に**すぐ反映**される ・実力がつけば、**収入に上限がない** ・**お客さんも選ぶ**ことができる ・**定年がない** など	・収入が不安定になりやすい ・社会保障が薄い（自分で備える必要がある） ・実力がないと、下請け仕事になりやすく、休みも取りにくい など

※上記は一般的な例であり、違うこともあります。

「従業員」の人は、今の勤め先を
すぐに辞めないように注意！
まずは副業にチャレンジしてみよう。
「稼ぐ④〜⑩」でそのやり方を解説するよ

稼ぐ③

ビジネスを「しくみ化」「自動化」する視点を知っておこう

この項目では、「ビジネスオーナー」と「投資家」の紹介と、それぞれの稼ぎ方のメリットとデメリットをお伝えします。

この2つの稼ぎ方は、入門書であるこの本では詳細は扱いませんが、「ビジネスオーナー」の稼ぎ方を知っておくことは、安定的な収入を得るヒントになります。

【ビジネスオーナー】

持っているビジネスから
お金を受け取る稼ぎ方をしている人。
人を雇ったりビジネスを買ったりして
「ビジネスを持つ」人。
例：クリーニング店や薬局などのフランチャイズ店の複数店舗のオーナー（現場で働いていたら自営業）、会社では社長ではなく会長などが、ビジネスオーナーであることが多い

【投資家】

投資先からお金を受け取る
稼ぎ方をしている人。
例：株を長期的に持って
配当を得ている人、
不動産の家賃を得ている人など
※株取引やFXなどで短期的に
売ったり買ったりして
お金を得るのは「自営業」

それぞれのメリット・デメリットをP65に

図にして整理しました。

「従業員」と「自営業」の方は、**「ビジネスオーナー」のように、自分の仕事やビジネスを「しくみ化、自動化」できないかと考えてみる**ことをオススメします。

その視点を持つことに、ビジネスを安定化させるためのヒントがあるかもしれません。

副業や起業をスタートするときも、「しくみ化」を最初から意識しておくと、効率的にビジネスを回すことができます。

たとえば、こんなことが考えられます。

◆「従業員」と「自営業」が「ビジネスオーナー」の稼ぎ方をヒントにして収入を安定させる例

- ビジネスを立ち上げたら、早めに人に任せることも考えておく
- お店を人に任せたり、対応を自動化したりして、現場を離れられるようにする
- オンラインサービスをつくって、ビジネスをすぐに自動化できるようにしておく
- ウェブサイトの収益化に力を入れて、販売とサービスの提供を自動化する

とくに「自営業」の方は、自分だけで仕事をやってしまう人が多いです。簡単ではありませんが「しくみ化」の観点を持っておくことをオススメします。新しいビジネスのよいアイデアがわいてくるかもしれません。

※「投資家」で稼ぐことは、新型コロナウイルスの影響でかなりむずかしくなりました。大きな損失をこうむった方もたくさんいます。安易に手を出さないようご注意ください。お金がニガテな方でも安全にお金を増やせる方法は、5章でお伝えします。

「ビジネスオーナー」と「投資家」の稼ぎ方を知って、ビジネスの「しくみ化」「自動化」を考えてみよう

	メリット	デメリット
ビジネスオーナー	・しくみをうまくつくることができれば、ある程度の期間、**自分があまり働かなくても収入が得られる** ・現場で働かないので、**ビジネスをいくつでも立ち上げることができる** ・うまくいけば、**時間の自由と経済的な自由**が手に入る など	・ビジネスと人間関係の独特のスキルや知識などがいるので、それを得るのに時間や労力がかかることが多い ・しくみをつくるのに時間がかかることが多い ・選ぶビジネスや任せる人を間違えると、大きく失敗することもある など
投資家	・価値があるものを買うことができれば、ある程度の期間、**あまり働かなくても収入が得られる** ・人間関係があまりいらないので、**人間関係のトラブルが起きにくい** ・うまくいけば、**時間の自由と経済的な自由が手に入る** など	・投資とビジネスの独特のスキルや知識などがいるので、それを得るのに時間や労力がかかることが多い ・投資先や時代の変化を読み間違えたり、リスク管理に失敗したりすると、大きな損失になることもある など

※上記は一般的な例であり、違うこともあります。

ビジネスを「しくみ化」するというアンテナを最初から立てておこう

「月に数万円」を副業で稼ぐことをまずは目指してみよう

この項目から、**「自営業」として稼ぐ**方法をくわしくお伝えします。

「自分で稼ぐ力」を高めることは、変化の激しいこれからの時代には必須です。「従業員」の方にはもちろん、今「自営業」の方にも、さらなる収入アップに役立つと思います。

「従業員」の方は、まずは月に数万円の収入アップから目指すといいでしょう。

そのお金を5章で紹介する**積み立て投資に回すだけで、将来的には1000万円以上の違いになっていく**からです。

「従業員」の方でもチャレンジしやすい方法があります。

それが**「副業」**です。

多くの企業では、副業や兼業をまだあまり認めていません。

ただ、最初に強調したいことがあります。

それは、国（厚生労働省）が、働き方改革の一環で、**会社員に副業や兼業を促進している**ということです。

「原則、副業・兼業を認める方向とすることが適当である」と「副業・兼業の促進に関するガイドライン」で2018年に明言しているのです。その流れに乗ってみることをオススメします。

この2章では、副業や起業などの「ビジネスの初期」をスムーズに立ち上げるコツをお伝えします。

副業を視野に入れてみよう

国は、働き方改革の一環として、会社員に「副業」「兼業」を促進

国のスタンス	「労働者が労働時間以外の時間をどのように利用するかは、基本的には労働者の自由」
副業・兼業で注意する点	・副業で過労になると、本業にも影響が出る可能性がある。働く時間の管理や健康の管理を自分でしっかりする必要がある。 ・本業をおろそかにしない。本業の仕事中は、本業に専念する。 ・本業で得た情報を、副業に使わない。 ・本業と競合するビジネスを、副業でしない。 これらに当たらなければ、企業は副業・兼業を禁止できない。

※2018年「副業・兼業の促進に関するガイドライン」を参考に作成
※公務員については、兼業解禁の流れはありつつ、まだ「原則禁止」なのでご注意ください
※副業の売り上げが立ち、年20万円の利益が出たら、確定申告が必要になります

副業や起業をスムーズに立ち上げるための3つの視点

1 人が「本当に悩んでいること」

2 自分が「本当に好きなこと」

3 自分が「本当に得意なこと」

人が「本当に悩んでいること」を見つけて
それを本当に「好き」で「得意」なことで
解決しよう。
この3つが重なるところで
ビジネスを始めることがコツだよ

副業や起業を考えるときに多くの方が「カンタンに稼げそう」「すぐに儲かりそう」という発想で始めてしまいがちです。

もしくは、「好きではないけど、人からよく頼まれること」ばかりに手を出してしまうこともよくあります。

しかし、ビジネスは「心から好きなこと」でないと、なかなか続きません。

そして、本当に「得意」なことでサービスを提供しないと、人に喜んでもらうことができません。

「好き」と「得意」の両方がいるのです。

植物を育てるように、ビジネスもコツコツと育てることが必要です。

そのためにも「好き」と「得意」が両立することでスタートし、最初の芽を枯れさせないことが大事なのです。

そして、「稼げる」「儲かる」という視点の前に、**相手視点での「本当に悩んでいること」を見つけることも大切**です。

とくに不況や変化の激しい今の時代は、人の困りごと・悩みごとの質がこれまでと変わりやすくなりました。それをつかめれば、うまくいきやすいです。

どんなビジネスにも言えますが、自分の過去の経験やこれまでの価値観を前提にしてしまうと、失敗しやすいので注意が必要です。

つまり、**目の前の人が「本当に悩んでいること」を見つけて、あなたが本当に「好き」で「得意」なことで、その悩みを解決する。**

この3つの重なるところでビジネスを立ち上げるのです。そうすると、ビジネスが早く軌道に乗りやすいでしょう。

では、どうしたらそれができるでしょうか？　長年の相談経験で見えてきたコツがあります。それを次の項目からくわしくお伝えしていきます。

稼ぐ⑤

心の奥を見つめて、自分が「本当に好きなこと」を見つけよう

人が「悩んでいること」、自分が「好きなこと」「得意なこと」の重なるところを見つける。それがビジネスのスムーズな立ち上げには大切だとお伝えしました。

そのためのコツがあります。それは、**重なるところを最初からは「探しにいかない」**ということです。なぜなら、発想が広がりにくくなってしまうからです。重なるところを探すのは最後にします。まずは、それぞれ探ってみることをオススメします。

この3つのうちで**一番考えやすいのは、自分の「好きなこと」**でしょう。この項目では、あなたが「本当に好きなこと」を上手に見つけるためのコツを紹介します。

そのコツとは、**頭で考えるのではなく、自分の「心の奥」を探ること**です。頭で考えてしまうと「お金につながることを探さなきゃ」という邪念が入りがちです。ビジネスにつなげることは最後に考えるので、ここではいったん脇に置いてみてください。

心の底から湧いてくるような**「ワクワクする気持ち」や、無意識で自然とやっている「大好きなこと」を純粋に探る**のです。

心の奥を探るには、**自分の心に「上手な質問」をする**ことです。私が相談にたくさん乗ってきて、最も効果的だと感じている質問を3つ、今回はご紹介します。

この質問に自分で取り組むのはもちろん、

あなたのことをよく知っている人に聞いてみるのもいいかもしれません。

（1）お金をもらわなくても、つい「自然とやってしまう」ワクワクすることは何ですか？

ついつい「自然とやってしまう」のは、あなたがそのことをとても大好きだからです。それをビジネスにできると幸せです。「お金をもらえなくてもやりたいのに、お金までもらえるなんて、なんてありがたいのだろう！」という気持ちになれます。

（2）これまでたくさんのお金や時間を使ってきた「大好きなこと」は何ですか？

これはそこに情熱やワクワクがある証です。それをビジネスにできると、ずっと楽しく仕事ができます。すると、スキルや知識も自然と身についていき、得意にもなっていきます。

（3）「誰の」「どんな悩み」を解決している自分を想像すると、ワクワク・ドキドキしますか？

この質問に対して出てきた答えは「自分が乗り越えてきたからこそ強い想いがあること」「人に貢献したいこと」「すごくこだわりがあること」などであることが多いです。ビジネス化もそのまましやすいです。気軽にたくさん出してみましょう。

質問の答えがまったく思いつかないときも、仮でいいので、ひとつは無理にでも出すようにしてみてください。ビジネスのアイデアを練るときに、ここの答えを使います（「稼ぐ⑦」参照）。

どの質問の答えも、本当にやりたいことは、ワクワクするだけでなく、想像するとドキドキすることがあります。

オススメの具体的な自己分析の方法は、P72でお伝えします。

「好きなこと」は、心の底からわいてくるワクワク探し！

「本当に好きなこと」を発見する3つの質問

1 お金をもらわなくても、つい「自然とやってしまう」ワクワクすることは何ですか？

【筆者の例】「お金、ビジネス、パートナーシップ」の相談に乗ること。
お酒を飲んでいるときも、自分がサービスを受ける側だったとしても、
昔からついやりたくなってしまうことでした。

2 これまでたくさんのお金や時間を使ってきた「大好きなこと」は何ですか？

【筆者の例】読書、学ぶこと、文章を書くこと、ノートをわかりやすくまとめること
(これらは高校生のときから大好き)、仲間と楽しくお酒を飲むこと。

3 「誰の」「どんな悩み」を解決している自分を想像すると、ワクワク・ドキドキしますか？

【筆者の例】「お金がニガテな人」の「お金のことなんか考えたくない」という悩み、

「独身の人」の「結婚なんてしたくない」と言っているけれど本当は結婚したいという悩み、

「自分で稼ぎたい人」の「稼げる自信がない」という悩みなど。

お酒が好きな人は1の質問の変形
「ほろ酔いのときでも、ついついやってしまうことは何ですか？」も
オススメの質問だよ

知っトクとオトク！ 無料「自己分析シート」をプレゼント

たくさんの参考例を盛り込んだ**「みるみる書ける！自己分析シート」**を
Facebookグループ内で無料でプレゼント中！ ぜひ活用してね！
https://facebook.com/groups/kanotoshi/

金リュウ先生オススメ！
自己分析はこうやろう！

本当の「好き」と「得意」を探る、オススメの自己分析法

頭を使わず、「直感」を使うことを心がけよう

本当の「好き」や「得意」を見つけるためには、自分の「心の奥」を探ることが大切。先ほどの3つの質問に、リラックスして楽しく取りくんでみよう。頭は使わずボーっと休ませるのがコツ。頭ではなく、直感を使うことを心がけてみよう。

お金につながるかは、いったん脇に置こう

頭で考えると「お金になることを探さなきゃ」などという邪念が入りがち。ビジネスにつなげることは最後に考えれば大丈夫。この自己分析のタイミングでは、お金につながるかはいったん脇に置いてみよう。

インターネットの検索のように、頭や心の中を検索してみよう

質問の答えを探るとき、自分の頭や心の中を検索する感覚で、アンテナを立ててみるのもオススメ。寝ているときも遊んでいるときも、脳は無意識で、その答えをずっと探してくれるよ。

思いついた答えは、ひとまずすべてをメモに残そう

少しでも思いついた答えは、すぐに否定してはダメ。すべての答えをメモに残そう。思わぬところで、他のアイデアと結びつくことがあるよ。

あなたをよく知っている人に聞いてみよう

自分では自覚しにくいことも、他人からははっきり見えていることも多いんだ。あなたのことをよく知っている人に、気軽に聞いてみよう。思わぬ発見があることも多いよ。

知っトクとオトク！無料「自己分析シート」をプレゼント

たくさんの参考例を盛り込んだ**「みるみる書ける！自己分析シート」**をFacebookグループ内で無料でプレゼント中！ ぜひ活用してね！

https://facebook.com/groups/kanotoshi/

「好き」と「得意」が見つかってきたら、小さな行動に移してみよう

気軽に情報発信してみよう

見つけた「好きなこと」「得意なこと」は、SNSなどで気軽に発信してみよう。

書くのが好きな人はSNSで文章を書いて投稿してみよう。話すのが好きな人は、SNSで動画や音声の投稿がオススメ。
※Facebookライブやインスタライブなど、動画で気軽に発信できるサービスがどんどん進化しているよ。

日常で実践して、時間をかけて深めていこう

「自分が好きなことや得意なことはこれかな」と少しでも思ったものは、日常の生活の中で、どんどんやってみよう。

「どうやってビジネスにしよう」などと考える必要はまだないよ。「好きなこと」や「得意なこと」を日常で実践したり発信したりするだけで、エネルギーが高まっていくんだ。それが副業などを進めるためのエネルギーになるよ。

好きなことや得意なことが
一瞬で見つかることもある。
数週間から数か月をかけて
しっくり来るものが
見つかることもある。
焦らずゆっくり探してみよう！

自分の「得意なこと」は、自分では見つけにくい

好きなことと並行して、「得意なこと」も探ってみましょう。ただし、得意を見つける自己分析は意外とむずかしいです。

なぜなら、**本当に得意なことは、自分で自覚しにくい**からです。**本当に得意なことは「これは得意だ」と意識しないくらいに「当たり前にできる」ことが「本当に得意なこと」**だからです。

また、自分が思っている「得意なこと」は、努力して身につけたものが多く、じつはそこまで得意ではないこともあります。そこに注意をして、自己分析をしてみましょう。

では、自覚しにくい「本当に得意なこと」をどう見つけたらいいいか？

それにもコツがあります。

「好きなこと」を発見するには「自分の心の奥」を探りましたが、得意なことを探るコツは真逆です。**「他者の反応を思い出す」「他者と冷静に比べてみる」というように、他者の視点を取り入れる**のです。

前項と同じく自分に「上手な質問」をすると見つかります。厳選した質問を4つ紹介しますので、リラックスして取り組んでみてください（72ページの自己分析の特集も参照）。

(1) 人からよく「感謝されること」「ほめられること」「すごいね！ と言われること」は何ですか？

人からこう言われることは、あなたの「得意」が自然と発揮されて、相手を喜ばせていることが多いです。

（2）人から「お金を払うからやってほしい」と頼まれることは何ですか？

人から頼まれることは、あなたの「得意」がその人に喜ばれている証拠です。さらに、もし「お金を払うから」と言われたことがあったなら、なおさらです。そのまま、ビジネスになることもあります。

そこまではなくても、お礼にご馳走されたり、プレゼントをもらったりした経験などがあれば、この質問の答えとして書き出してください。

（3）人より詳しいこと（知識・経験）は何ですか？

（4）人より簡単にできてしまうことは何ですか？

自分にとっては「当たり前」のことでも、冷静に人と比べてみると「え、こんなことも知らないの？」「あれ、こんなこともできないの？」と思うことはありませんか？　それは自信過剰なのではなく、**あなたが自覚していない「得意なこと」があるサイン**かもしれません。もし、パッと思いつかないときも、過去をじっくり思い出してみたり、日々の生活でアンテナを立てたりしてみてください。

得意を探す質問は「**あなたをよく知っている人に聞いてみる**」**のが効果的**です。

自分では自覚しにくいことも、他人からははっきり見えていることも多いです。5人、10人と聞いていくと、ある程度の傾向が出たり、思わぬ発見があるでしょう。

SNSをよく使っている方は、自分のページでアンケートを取ってみるのもいいかもしれません。たくさんの方から声をいただけることもありますから。

本当に「得意なこと」は、人と比較したり人に聞いたりして探ってみよう！

「本当に得意なこと」を発見する4つの質問

1　人からよく「感謝されること」「ほめられること」「すごいね!と言われること」は何ですか？

【筆者の例】本の要約をしたら、その著者の先生に「すごい」と言われた。
⇒全国的な読書会コミュニティをつくり、要約つきワークブックで主催する人をサポート

2　人から「お金を払うからやってほしい」と頼まれることは何ですか？

【筆者の例】仲間と飲んでいると、人生相談になり、ご馳走されることが多かった。
⇒コーチング（相談業）をビジネスに

3　人より詳しいこと（知識・経験）は何ですか？

【筆者の例】この本に書いているような「お金」の知識。お金と向き合うのはニガテだったけれど、貯金や投資については20代から自然と勉強して身につけていた。
⇒お金の相談業に

4　人より簡単にできてしまうことは何ですか？

【筆者の例】学生のときから、わかりやすい文章や資料をつくることができた。
⇒わかりやすく伝えるセミナー講師、本の著者に

「他者の反応を思い出す」
「他者と冷静に比べてみる」など、
他者の視点を上手に取り入れてみよう！

知っトクとオトク！無料「自己分析シート」をプレゼント

たくさんの参考例を盛り込んだ**「みるみる書ける！自己分析シート」**をFacebookグループ内で無料でプレゼント中！ ぜひ活用してね！

https://facebook.com/groups/kanotoshi/

稼ぐ⑦

「好き」と「得意」を組み合わせて「ビジネスのアイデア」をつくろう

自分の「好き」と「得意」の2つを探ってみたら、書き出したメモをすべて見直してみてください。そして、それらを組み合わせて、**「ビジネスのアイデア」**を考えてみましょう（実際のアイデアを練るのは大変なので、考えるのがニガテな方は、まずは「稼ぐ⑩」までザッと読み進めてもOKです）。

「ビジネスのアイデア」とは、そのビジネスの柱になる考えです。

（1）「誰の」、（2）「どんな悩みを」、（3）「どうやって」解決するか、のアイデアです。

「好きなこと」と「得意なこと」の自己分析で出てきた答えを組み合わせて、この3つをつくっていきます。

考えるヒントとして、私の例で解説します。

（1）「誰の」、（2）「どんな悩みを」を考えてみよう

「好きなこと」を探る質問3つ目の【「誰の」「どんな悩み」を解決している自分を想像すると、ワクワク・ドキドキしますか？】の答えを参考に、アイデアを書き出してみましょう。アイデアが複数あれば、すべて書いてみてください。

たとえば、私の場合はこうです。

A：「お金がニガテな人」の「お金のことなんか考えたくない」という悩み

B：「独身の人」の「結婚なんてしたくない」と言っているけれど本当は結婚したいという悩み

C：「自分で稼ぎたい人」の「稼げる自信がない」という悩み

（3）「どうやって」解決するか、を考えてみよう

（1）（2）に対して、「好きなこと」「得意なこと」の自己分析で出てきた答えを使って、解決するサービスのアイデアを考えます。

（1）（2）のアイデアが複数あるときは、それぞれに対して（3）を書いていきます。

たとえば、私の場合はこうです。

A：お金についてのわかりやすいセミナー、コーチング

B：気軽に参加できる、ほろ酔いグループコーチング

C：読書会の主催者サポート（気楽に失敗できる環境づくり）

私の例でもわかるように、ビジネスのアイデアは、斬新であったり面白かったりする必要はありません。

斬新であることより、自分の本当の「好き」と「得意」が詰まっていることのほうが大事です。それさえあれば「自分らしい」ビジネスに自然と育っていくのです。

なぜなら**「好き」と「得意」がまったく同じ人はいない**からです。

アイデアを書いているときに「ワクワクする」と同時に「ドキドキもする」ことがあるかもしれません。

本当にやりたいことが固まってくると怖さが出てきて、ドキドキすることがあります。それはマイナスではなくプラスのサイン。「それが、あなたがやるべきビジネスだよ」

ということが多いです。

ビジネスアイデアの3つが、すぐに組み合わさる方もいます。

数週間から数か月、考えを巡らせているうちにピタッと組み合わさる方もいます。

うまく組み合わさらないときも焦らないでください。

自分の思考と直感の両方を使い続けていると、組み合わさるときが必ずやってきます。

ここまでの自己分析を組み合わせて「誰の」「どんな悩みを」「どうやって」解決するか？を考えてみよう

「誰の」「どんな悩みを」を考えてみよう	「どうやって」解決するか？を考えてみよう
「誰の」「どんな悩み」を解決している自分を想像すると、ワクワク・ドキドキしますか?の答えをヒントにしよう。（好きを探る3つの質問を参考に） 	**「好きなこと」「得意なこと」の自己分析**で出てきた答えをどんどん組み合わせてみよう。 

焦らずじっくり考え続けてみよう。思考と直感の両方を使い続けていると組み合わさるときがやってくるよ

知っトクとオトク! 無料「自己分析シート」をプレゼント

たくさんの参考例を盛り込んだ **「みるみる書ける! 自己分析シート」** をFacebookグループ内で無料でプレゼント中! ぜひ活用してね!

https://facebook.com/groups/kanotoshi/

お客さん像を具体的にして「本当の悩み」を見つけよう

前項で考えた「ビジネスのアイデア」で副業や起業を始めるだけでも、ビジネスはうまくいきやすいです。あなたの好きと得意が詰まったビジネスだからです。

この項目では、よりスムーズにビジネスを立ち上げる方法をお伝えします。

それは、人が「本当に悩んでいること」を見つけることです。

本当の悩みを見つけるためには「お客さん像」をより具体的に描いてみることが大切です。そして、具体的なその人の「心の奥」までつかむことです。

◆「お客さん像」をより具体的に描く質問

・お客さんとして心からサポートしたい人は「どんな人」ですか?

とてもシンプルですが、効果の高い質問です。たとえば前項で挙げた私の例「自分で稼ぎたい人」の例を使って考えてみます。

具体的に、それは「どんな人」でしょうか? 年代や性別、収入によって、悩みは変わるはずです。また、結婚しているのか、子どもがいるのか、働いているのか、などでも悩みは変わります。どんな人をお客さんと想定するかで、悩みが大きく変わるのです。

まずは仮でいいので、お客さん像をありありとイメージしてみましょう。

いまの自分や過去の自分に近いなら、より

リアルに想像できるかもしれません。「○○さんかな」と具体的な人が思い浮ぶなら、その人を設定してイメージしてみてください。

次に、イメージしたその人の「心の奥」にある悩みを具体的にしていきます。

次の2つの質問を考えてみてください。

◆人の「心の奥」に触れる2つの質問

- **その人は心の奥で、どんな「強い悩み」や「強い不安」を持っていますか？**
- **その人があまり自覚していない、どんな「怒り」や「欲求」がありますか？**

これらの「強い感情」は、本人もあまり感じたくないので、心の奥にしまわれていることが多いのです。

それをどうつかめばいいでしょうか？

そのお客さん像が「いまの自分」や「過去の自分」に近ければ、自分にこの質問をするだけでも、リアルな気持ちをつかむことができます。

もし、自分とまったく違う人をお客さんに設定するときは、設定に近い人を探して、気持ちを聞いてみてください。自分の想像で考えてしまうと、本当の悩みを外してしまうことがあるので注意してください。

こちらも「稼ぎたいけど稼げる自信がない」と悩んでいる人の例で考えてみます。

多くの方が心の奥で「人から批判されたくない」という悩みを持っています。これがつかめたら、人から批判されにくい副業・起業サービスをつくればいいわけです。

このように、心の奥にある気持ちまでつかみ寄り添うことができると、人の本当の悩みを解決できる「本物のサービス」が生まれる可能性があるのです。

お客さん像を具体的に設定して 心の奥にある「本当に悩んでいること」を探ってみよう

「お客さん像」をより具体的に描く質問

1 心からサポートしたい
お客さんは「どんな人」ですか？

【筆者の例】セミナーで出会った小学生の子どもがいるご夫婦。
共働きで働いている。世帯年収600万円。

人の「心の奥」に触れる2つの質問

1 その人は心の奥で、
どんな「強い悩み」や
「強い不安」を
持っていますか？

2 その人が自覚していない、
どんな「怒り」や
「欲求」が
ありますか？

【筆者の例】
表面的な悩み「稼ぎたいけど稼げる自信がない」
心の奥の強い気持ち「人から批判されたくない」
⇒人から批判されにくい副業・起業サービスを提供する
⇒実践・読書会、リーディング・マイスター協会でサポート

心の奥にある気持ちまでつかんで
寄り添えると
人の本当の悩みを解決できる
「本物のサービス」になるよ

知っトクとオトク! 無料「自己分析シート」をプレゼント

たくさんの参考例を盛り込んだ **「みるみる書ける! 自己分析シート」** を
Facebookグループ内で無料でプレゼント中! ぜひ活用してね!

https://facebook.com/groups/kanotoshi/

稼ぐ ⑨

ひとまずスタートしてみよう

「稼ぐ」の章で、ここまでひと通り考えられたら、サービスや商品の提供をスタートしてみることをオススメします。

やってみることでわかることがたくさんあります。あまり考えすぎず、やりながら改良していくほうが、早く軌道に乗ります。

ビジネスのアイデア（「誰の」「どんな悩みを」「どうやって」解決するか？）の説明文をカンタンに書き（100～500字程度で構いません）、価格を仮で決めます。これだけあれば、サービスはもう開始できます。

ただ、こう提案しても「まだ、お客さんに満足してもらえる自信がありません」「そもそも、お客さんになってくれる人がいません」と、躊躇（ちゅうちょ）する方もいるかもしれません。

そこで、副業・起業スタートの心のハードルを下げる3つのコツを紹介します。

（1）定価をつけつつ「無料」でやってみよう

まずは無料でいいので、テスト的にサービスを提供してみましょう。「無料モニター」を募集すると気楽にスタートできます。

ポイントは、定価はつけておくこと。

たとえば「定価3300円→スタート記念で、先着10名様は無料！」などとしておくのです。定価をつけると、お客さんに価値を感じていただきやすくなります。また値段をあとから上げやすいのでオススメしています。

（2）「仲間」をつくって、商品・サービスを交換し合ってみよう

副業や起業を目指している仲間をつくって、商品やサービスを提供し合うことも、とてもオススメです。

そういう仲間がいない方は、Facebookなどのオンライン上のコミュニティに入るといいでしょう。私も無料のFacebookグループや、この本の読者の方向けのオンラインサロンを運営しています。まずは無料のものに入ってみて、自分に合ったものを探してみるといいかもしれません。

仲間とのサービス交換の際も定価をつけておきましょう。無料のサービスを交換し合うのではなく、たとえば5000円などの有料サービスを交換し合うのです。できたら、実際にお金を受け渡しもしてみます。すると、お金を受け取ることに慣れることができます。一人目の本当のクライアントになってあげるのも喜ばれるのでオススメです。

（3）自分のビジネスに近い本で「読書会」をやってみよう

本を使った勉強会、いわゆる「読書会」を開いてみることもオススメしています。そして読書会の最後に、自分のサービスを案内するのです。

自分のサービスの「体験セッション」や「体験セミナー」をやるのは、気持ち的にハードルが高くなりがちです。でも「読書会」であれば、本のファンが来てくれるので人を集めやすくなります。本の体系的な内容があるので、サービスの質も保ちやすいです。本のテーマに興味のある方が集まるので、自分のサービスにもつなげやすいのです。

もしも人が集まらなかったり満足度が低か

あまり考えすぎず、商品・サービスの提供をまずはスタートしてみよう！

副業・起業スタートの心のハードルを下げる3つのコツ

1	2	3
定価をつけつつ「無料」でやってみよう	**「仲間」をつくって、商品・サービスを交換し合ってみよう**	**自分のビジネスに近い本で「読書会」をやってみよう**

行動にいかに「早く」移せるかがスムーズな立ち上げのコツ。考えすぎず、ひとまずやってみよう！

ったりしても「本が悪かったかもなあ」と、本のせいにすることもできます。

「失敗を自分のせいにしない」のも、ビジネス初期の敏感なタイミングでは、とても大事だと実感しています。

これらのコツを参考に、ぜひ最初の一歩を踏み出していただけたら嬉しいです。

ビジネスの「オンライン化」を考えてみよう

新型コロナウイルスのような感染症が流行すると、人と密な環境で会うことがむずかしくなります。これからもどんな感染症が流行るかわかりません。

その対策として、**人と直接会わずに「オンライン（インターネット）」でサービスを提供できるようにしておく。**これはこれからの時代に必須の準備だと感じています。

ビジネスをオンライン化すると、どこにいても仕事ができる点でもオススメです。家でもカフェでも公園でも仕事ができます。旅行していても、田舎や海外などに移住しても仕事ができるのです。

オンライン化の代名詞と言えば、オンライン会議サービス。Zoom、Skype、Microsoft Teams、Google Meet、Messenger Roomsなどがあります。

新型コロナウイルスの流行で、多くの人がコミュニケーションの手段を「対面からオンラインへ」と移しました。多くの人が使うサービスはビジネスのプラットフォーム（土台）に活用しやすいです。まずはひとつだけでも使いこなせるようにしておきましょう。

ただし、対面でのサービスを単にオンライン化しただけでは、サービスの質が落ちてしまいがちです。

対面とオンラインとでは魅力が違います。

オンライン化のポイントは「オンラインの魅力を知り、最大限に活かすこと」です。

私は「Zoom活用・実践コミュニティ」という無料のFacebookグループを主宰して、ビジネスのオンライン化をサポートしています。その経験から、対面の魅力とオンラインの魅力を左の図で整理しました。

対面にもオンラインにも、それぞれの魅力があります。副業・起業の立ち上げ期から、どちらでもサービスができるように考えておくといいかもしれません。

対面サービスとオンラインサービスの違いを知って それぞれの魅力を最大限に活かそう

対面サービスとオンラインサービスの比較

対面サービスの魅力	オンラインサービスの魅力
・話しかけたり微笑んだり握手したりという、**1対1のコミュニケーション**が取りやすい ・講師や参加者全体での**一体感**をつくりやすい ・参加者同士の**相乗効果**をつくりやすい ・**適度な緊張感**がつくりやすい ・**会場の雰囲気などからも影響**を与えやすい ・**物や体を使った活動**がしやすい ・テキストやプレゼントなど、**物を渡しやすい**	・移動をしなくていい。**移動のための時間・体力・お金などがかからない** ・**自分の好きな場所から参加**できる ・朝・昼休み・深夜など、**対面だとやりにくい時間帯でも開催**できる ・人数に関係なく、**1対1の雰囲気**をつくりやすい ・**リラックス**して参加してもらいやすい ・**心の奥にある気持ち**を出してもらいやすい ・**会場代がかからない** ・**録画**がしやすい（動画のサービスに展開しやすい）

最終的には「両方を同時に提供」できると理想的です。たとえばセミナーでいうと、会場の参加者とZoomの参加者に向けて同時に講義をできるようにするのです。お店の例だと、お店でもオンラインショップでも販売できるようにしておくのです。

マッサージや理髪店など、一見、オンライン化しにくいサービスもあります。

その場合も知恵の出しどころです。**自宅でセルフケアできるような動画をつくるなど、やり方はあります。**

あなたもビジネスのオンライン化を考えてみてください。オンライン会議を使えば、サービス提供のための費用はあまりかかりません。気軽にテストをしてみて、どんどん改良していきましょう。

これからの時代は、オンラインの魅力を最大限に活かすことで、「稼ぐ力」が高まるのです。

**いつでもどこでも
仕事ができるのが
オンラインサービスの魅力。
費用もあまりかからないので
気軽にやってみよう**

2章のポイント

- 「従業員」と「自営業」の両方から
  収入を得ることを考えてみよう。

- 人が「本当に悩んでいること」を見つけて、
  それを本当に「好き」で「得意」なことで
  解決しよう。

- むずかしく考えすぎず、ひとまずやってみよう。

第3章

大きな支出をイチから見直す新しい時代の「お金の使い方」

使う①

小さな節約より「大きな支出」を見直そう

1章でもお伝えしたように、ニュースでは「世界大恐慌」という言葉も出てくるようになりました。そこまで景気が悪くならなかったとしても、ある程度の貯金を持っておくことがピンチへの備えとして大切です。

そこで、3章と4章では「なかなか貯金ができない」という方がムリせず貯められるコツをお伝えしていきます。

貯金ができている方も、この章を読むとさらに貯められるようになるでしょう。

お金を貯める方法は、シンプルに言うと大きく2つです。

「**入ってくるお金（収入）を増やす**」（2章のテーマ）

「**出ていくお金（支出）を減らす**」（3章のテーマ）

なぜなら「収入－支出＝貯金」だからです。

ただ、貯めるのがニガテな方にとって、支出を減らすのが大きな関門です。節約してもストレスがたまり、結局は浪費してしまう方も多くいます。

では、どうしたらいいのでしょうか？

最初に3章の結論をお伝えします。

◆支出を減らす一番のコツ

「**大きな支出」から見直すこと**

日々の小さい支出を下げても効果は低いです。大きい支出から考えていくことをオススメしています。

金額が大きいほど減らしやすいし、貯金への効果も大きくなるからです。

たとえば月3000円のものを2000円に減らすより、月3万円のものを月2万5000円にするほうが効果は高いのです。ぜひ大きなものから見直してみましょう。

では、何が大きな支出なのでしょうか？

参考になる考え方に「人生の三大支出」があります。

◆人生の三大支出

「住宅費」「教育費」「老後のお金」

諸説がありますが、この3つがよく言われるものです。

それぞれ大切なものなので、準備して貯めることも大切です。ただ「そもそもいくら必要なのか？」「本当にそのお金は必要なのか？」と考え直してみることも大事です。

それぞれの金額が大きいので、少しでも減らせると、一気に貯まりやすくなります。

住宅費を下げるやり方は、「使う③〜⑦」で特集します。教育費を下げる方法は「使う⑧」でお伝えします。老後のお金については「お金の増やし方」とあわせて5章「増やす①」でお伝えします。

「大きな支出」を見直すとお金が貯まるようになる

お金を貯めるポイント
収入（アップ）－支出（ダウン）＝貯金（アップ）

【3章のテーマ】
大きな支出を見直すと貯めやすくなる

収入
支出
貯金

収入を上げると貯めやすくなる（2章のテーマ）

貯まるはずのお金を確実に貯める（4章のテーマ）

「住宅費」「教育費」「老後のお金」がいくら必要なのかをじっくり考えてみよう

使う②

毎月の「固定費」を減らすことを考えてみよう

前項では、大きな支出から見直していこうとお伝えしました。支出には「大きい」か「小さい」かだけでなく、もうひとつ大きな観点があります。

それは「固定費」か「変動費」かです。

支出には、毎月決まっているもの（固定費）、日々のもの（変動費）があります。

お金がニガテな方は「お金を貯める」＝「毎回の節約」と思ってしまう方が多いです。つまり、変動費を減らそうとします。

しかしこれは毎回のストレスがあるわりに、貯金への効果はそれほど高くありません。

ポイントは、毎月決まっている支出（固定費）を先に見直すことです。

これを見直すのはなかなか大変です。でも定期的な支払いなので、一度減らせるとその効果はバツグンです。下がった支払いがずっと続くからです。しかも自動で支払われているので、下げたあとにストレスをあまり感じないことが多いのです。

そこで、支出を大きく減らしたいなら、毎月の決まったお金から手をつけるといいでしょう。

◆**支出をムリなく減らすコツ**
お金を貯めるなら、毎月の「固定費」を先に見直す

そして、固定費の中でもとくに「大きな金

額のもの」から手を打つことをオススメしています。

金額が大きいほど減らしやすいし、貯金への効果も大きくなるからです。

前項でも紹介した人生の三大支出「住宅費」「教育費」「老後のお金」は、厳密には固定費にならないところもありますが、一度じっくり見直したいところです。

また、次に大きな固定費になりやすい「車のお金」については、「使う⑨」でお伝えします。

そして、それ以外の固定費については「使う⑩」でお伝えします。通信費、生命保険、水道・光熱費、ローン、スポーツジム代などがあるかもしれません。

◆固定費を見直す大事なポイント これまでの価値観や前例に囚われない

この考え方がとても大切になります。

新型コロナウイルスの感染の広がりによって、世の中は大きく変わりました。「今まではこうだった」「親にこうしてもらったから、子どもにもこうしたい」などという発想が役に立たない時代になったのです。

「ゼロベース思考」という考え方があります。これは、前例に囚われず、物事をゼロから考え直すという意味で使われます。

カンタンではありませんが、ゼロベース思考を今こそ意識することが大切だと感じています。 支出もゼロベースで見直していくことをオススメします。

大きな「固定費」からゼロベースで見直してみよう

住宅費 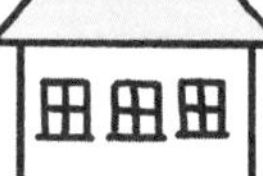	三大支出の第1位とも言われる住宅費。 買っても借りても、一生で5000万円以上がかかることも。 人生に一番大きな影響がある支出なので、この3章③～⑦で詳しく解説。
教育費 	オール公立で大学まで進学すると1000～1500万円、オール私立だと2000～3000万円と言われている。3章⑧で詳しく解説。
老後のお金 	何歳まで働くつもりか、その後にどんな暮らしをしたいか、公的年金がいくら出ると思うか、などの考え方で、必要になるお金が大きく変わるのが老後のお金。 老後に向けた「お金の増やし方」もあわせて5章①で解説。
車のお金 	住んでいるエリアやライフスタイルによって、大きく変わるのが車のお金。サブスクリプションやカーシェアリングなど、買う以外の選択肢も年々広がっている。3章⑨で解説。
そのほかの固定費	通信費、生命保険、水道・光熱費など、それぞれは月に数千円だったとしても、全体としては大きな支出になりやすい。P114～115で解説。

変化の激しい新しい時代は
これまでの価値観などに囚われず
ゼロから考え直してみることが大切だよ

使う③

マイホームを買うかは「慎重に」考えよう

マイホームを買ったほうがいいか、賃貸のほうがいいか？　多くのお客様から相談されるテーマです。専門家の間でも意見が分かれるところです。お客様の価値観や世の中の状況にもよりますので、絶対的な正解はありません。

ただ、私はこう考えています。

まだ買っていないなら、マイホームは「買わない」ほうがいい。

なぜなら、これからますます、時代や社会の変化が激しくなると感じるからです。

たとえば失業や収入ダウンなどのリスクも高まります。そんなピンチなときも、賃貸に住んでいれば家賃の安いところに引っ越したり、実家に帰ったりできます。

賃貸のほうが、リスクや変化に対応しやすいのです。

失業や収入ダウンなどでピンチのとき、住宅ローンが一千万円単位で残っていると大変です。すでに買っている方や、どうしてもマイホームを買いたい方へのアドバイスは次項から紹介しますが、買うのを検討している方は慎重に判断することをオススメします。

このようなアドバイスをすると「賃貸はかけ捨てになるから、ローンを組んででも買ったほうがいいのでは？」という声もいただきます。しかし、**マイホームは基本的にどんどん値下がりしていきます。買っても借りても、住宅費の合計は大きく変わらないことも多い**

のです。

「老後に賃貸だと心配」と感じる方もいるかもしれません。でも、これからの日本は少子化で人口が減っていきます。空き家問題の方が深刻になってきています。**あなたが老後に住む家は、今よりもっと安く買えたり、安く借りられたりする可能性が高い**のです。5章で紹介する「お金を増やす」方法で、ある程度のお金をつくっておけば、老後に家を買うこともそれほどむずかしくありません。

借りるときの家賃の目安は、毎月の手取りの25％以内がオススメです。

大きな固定費になるので、家賃はできるだけ抑えることを考えてみましょう。実家や親戚などを頼れる方は、それも前向きに検討するといいかもしれません。

これまでは、都心や駅近など便利なエリアの人気が続きました。しかし、新型コロナウイルスなどの影響で、郊外や駅から離れたエリアなど、少し不便でも「密ではない」エリアや物件の人気が高まっています。

お子さんがいる方は、学区内での家選びになることが多いですが、駅から少し離れるだけでも家賃が安くなることがあります。子育て中の騒音問題が気になる方は、戸建ての賃貸という選択肢もあります。こういう物件をぜひ検討してみてください。

最後に、一人暮らしの方にはシェアハウスもオススメです。シェアハウスは、自分の部屋とは別に共有スペースがある賃貸の住宅です。共有スペースは、キッチンやリビング、お風呂やシャワー・トイレなどがあることが多いです。頭金・礼金がないところも多く、基本的には家具もついています。だから引っ越しの初期の費用を安く抑えることができます。状況の変化に合わせて引っ越しもしやすいです。毎月の家賃もアパートやマンションを借りるより安いことが多いです。

マイホームを買うメリットとデメリットをしっかり考えよう

「賃貸」と「マイホーム購入」の一般的なメリット・デメリット

	メリット	デメリット
賃貸	・住み替えがしやすい。環境の変化に対応しやすい ・維持費がかからない	・老後も家賃を払い続けないといけない ・リフォームなどがしにくい
マイホーム購入	・リフォームなど、自分の好みやこだわりに合わせやすい ・住宅ローンを払い終えれば、自分のものになる。財産として残したり売ったりできる	・住み替えがしにくい。環境の変化に対応しづらい ・維持費がかかる（税金、火災保険、修繕費など） ・住宅ローンの返済が長く続く

変化が激しいこれからの時代は
今までの感覚でマイホームを買うと
危ないかもしれない。
くれぐれも慎重に考えよう

使う④

マイホームを買った人は「いくらで売れるか」を調べてみよう

この項目では、マイホームをすでに買っている方に向けたアドバイスをします。買うのを検討中の方も「こういうことを考える必要がある」という視点で見てみてください。

最初にやっていただきたいのは「もし今、売りに出したとしたら、いくらで売れそうか?」を調べることです。

なぜなら次ページのグラフのように、買った値段ではなかなか売れないからです。**エリアや物件、売買のタイミングでもちろん差はありますが、戸建てもマンションも値段は少しずつ下がっていくことがほとんど**です。

失業や収入が大きく下がるリスクがある現代に、マイホームを現金に換えられたらピンチをしのぐこともできます。

しかし家を売りたいときに「こんなに安い値段なんて」となってしまったらあとの祭りです。そうならないように、先に調べておくことです。新型コロナウイルスの影響で、**とくに都市部の物件は、これから値段が大きく崩れる可能性もあります。**

具体的な調べ方は、インターネットで「住宅　売却　○○（お住まいのエリア）」などと検索してみてください。査定をしてくれる会社が出てきます。ウェブサイトに情報を入力するだけで、複数の会社に査定が出せるようなサイトで調べるのがオススメです。

数社に見積もりを出してもらうときは、その平均値を「今、売れる金額だ」と考えて構いません。

築年数による価格の変化

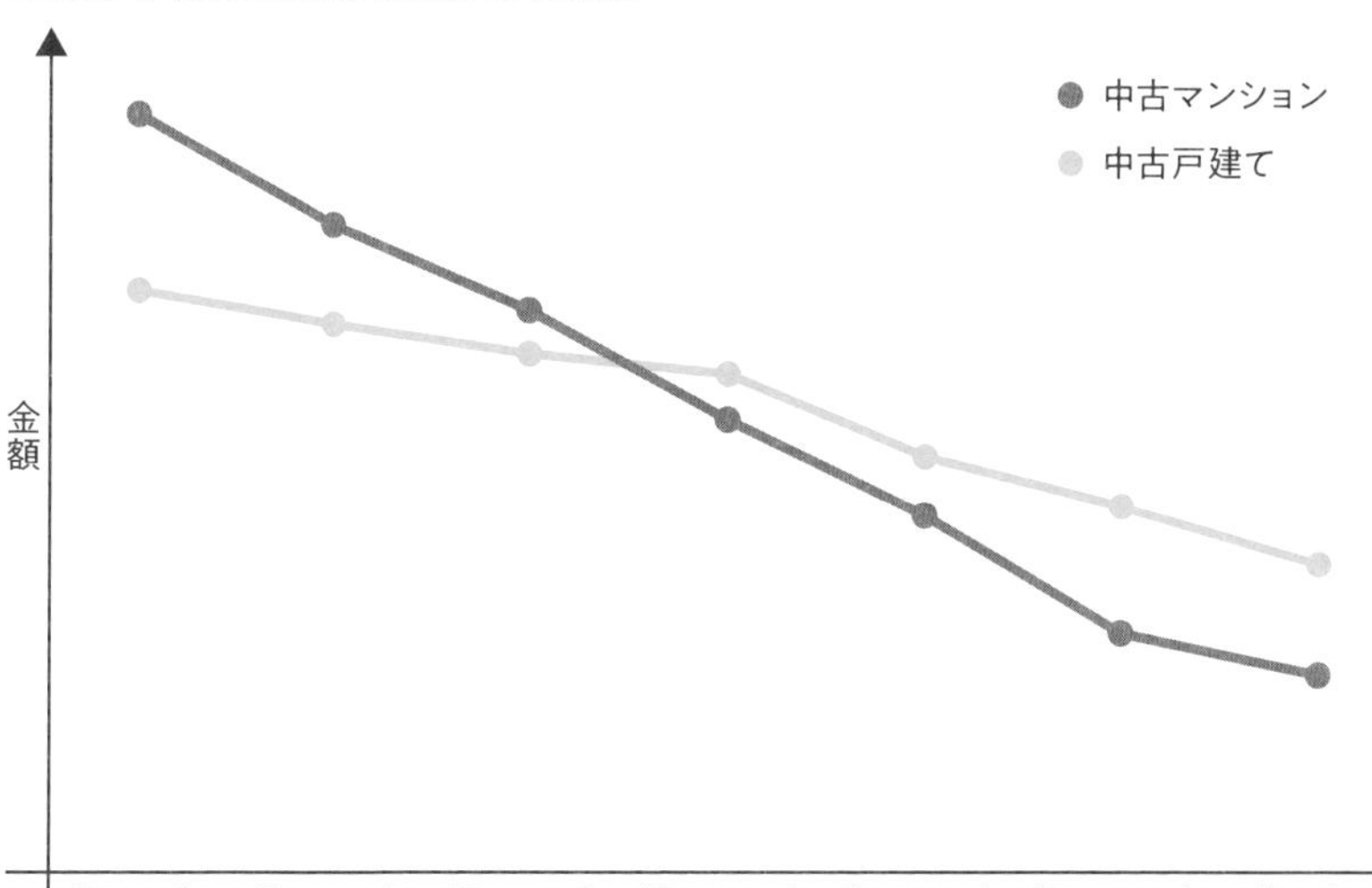

※各種の統計データなどから独自に算出(時期やエリアにより当てはまらないこともあります)

家がいくらで売れるか?を定期的に調べよう

家の売値を調べておきたい3つの理由

家を売りたいときに「こんなに安い値段なんて」と後悔しないように、先に調べておこう

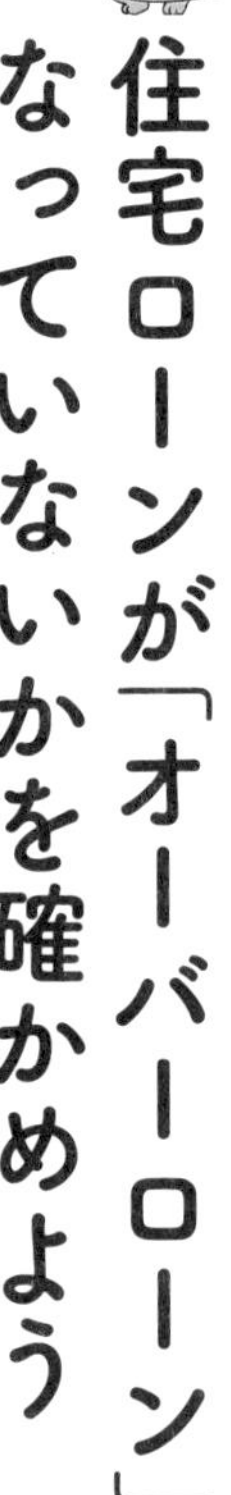

住宅ローンが「オーバーローン」になっていないかを確かめよう

マイホームがいくらで売れそうかを調べたら、もうひとつやってほしいことがあります。それは、**住宅ローンの残額を調べる**ことです。

月々いくら払っているかをつかんでいる方は多いです。でも「住宅ローンがあといくら残っているか」を把握していない方は、じつはかなりいます。

「売れる金額」と「残っている住宅ローン」がわかり、売れる金額のほうがローンより高ければ心配はありません。

たとえば、今売れば３０００万円、住宅ローンが残り２５００万円であれば、売ると５００万円が残ります。

費用を引いても少しは貯金が増えるので、ピンチのときに売れば助けになります。

ただ、**残念なことに家の「売れる金額」より「住宅ローンの残り」のほうが高くなってしまう**ことも多いのです。

これを「オーバーローン状態」と言って、家が売れたとしても借金を抱えることになってしまうのです。

左上の図の「差」がオーバーローンです。

図の例だと、ローン期間のほとんどの期間がオーバーローン状態になってしまっています。

「オーバーローン」になってしまう例

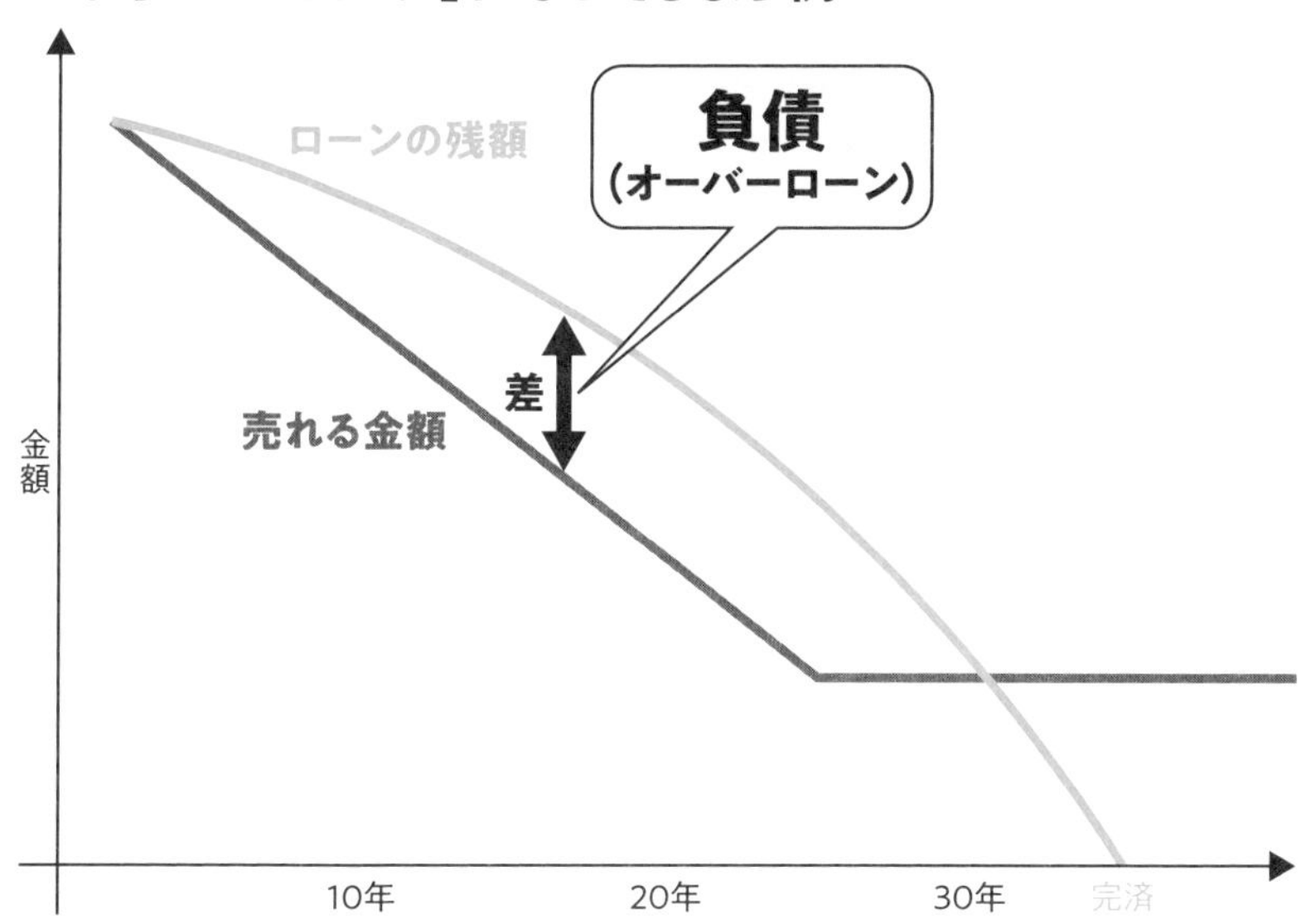

前項でお伝えしたように、**住宅の価格はどんどん下がっていきます。でも、住宅ローンは、金利の支払いの割合が最初は高いので、残額がなかなか減らない**のです。

そのために、売れる金額よりもローンが高くなってしまう、オーバーローン状態になってしまいやすいのです。

リーマンショック後の2010年から2020年までは、住宅の値段が上がる傾向にありました。それで「自分の家は高く売れる」と思い込んでいる方もいます。

しかし、新型コロナウイルスによって、住宅の価格が下がり始めました。とくに都市部では下落が加速するかもしれません。**自分の家がオーバーローン状態になっていないか、年に一度は確認することをオススメします。**

そして、オーバーローンになりそうなときは、すぐに次項を参考にして対策を考えてみてください。

「オーバーローン状態」になっていないかを計算しよう

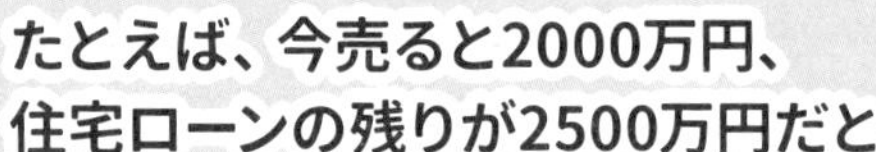

たとえば、今売ると2000万円、
住宅ローンの残りが2500万円だと

2000万円－2500万円＝－500万円

⇒500万円の「オーバーローン状態」に！

気づかないうちに
オーバーローン状態に
なってしまうこともある。
家の売値とローン残高を
年に1回はチェックしよう

使う⑥

「住宅ローンが払えなくなったらどうするか」を考えておこう

前項で見たように、お金がピンチで「家を売りたい」と思っても、ローンが残っているために「売るに売れない……」ということが起きるかもしれません。

しかも、これからは失業や収入ダウンのリスクがさらに高まっています。お金のピンチが突然やってくるかもしれません。

収入ダウンで住宅ローンが払えなくなったときのことを、念のため先に考えておくことをオススメします。

たとえば今、住宅を売ると2000万円、でも住宅ローンが2500万円残っているという例で考えてみます。つまり、オーバーローンは500万円です。

その場合、どう考えればいいでしょうか。

（1）オーバーローン分を貯めておく

これが王道の備えです。上の例でいうと、オーバーローンが500万円であっても、500万円以上の貯金があれば、売ったときに住宅ローンをすべて返すことができます。

4章「貯める」と5章「増やす」のやり方で、これをめざしましょう。また、自分で準備をするのがむずかしいときは、家族や親戚に頼るという方法もあります。

（2）安いところに住み替えて、オーバーローン分を借りる

ただ、失業や収入ダウンなどのときは、貯金が減っている可能性もあり、（1）の王道の備えができないかもしれません。そのときは、今の家を売って、安い家に買い替えるという方法もあります。

この例で言うと、家を売って1500万円の家に住み替えるときに、オーバーローン分の500万円と合わせて、2000万円を借りるのです（その他のいろいろな経費分も借りられることがあります）。これを一般的に「住み替えローン」と言います。

ただ、物件以上のローンを組むため、審査は厳しくなります。借りられないこともあります。また、これは問題を先送りしているだけで、オーバーローンの状態は続きます。オススメはしませんが、こういう選択肢もあることは知っておくといいと思います。

（3）任意売却をして、オーバーローン分をあとから返す

（1）（2）もできないときは、「任意売却」になります。任意売却は、住宅ローンを5〜6か月滞納したときに、銀行と協力して家を売ることです。任意売却のときは、オーバーローンでも売ることができます（普通の家の売却は、オーバーローンの状態だと銀行が売らせてくれません）。

オーバーローン分の借金は残りますが、銀行と相談ができます。分割で返すことができれば返済はだいぶ楽になります。

ただし、信用情報に傷が入りますし、必ずしもうまくいくわけではありません。そこは注意が必要です。

任意売却でも売れないと、競売になります。

競売とは、住宅ローンが返せずに、家を銀行に差し押さえられて、売られてしまうことです。安い値段で投げ売りされてしまうことも多く、オーバーローンの返済の相談にも乗ってもらえないことがほとんどです。競売はなんとか避けたいところです。

失業や収入ダウンなどで住宅ローンが返せなくなることを想定しておこう

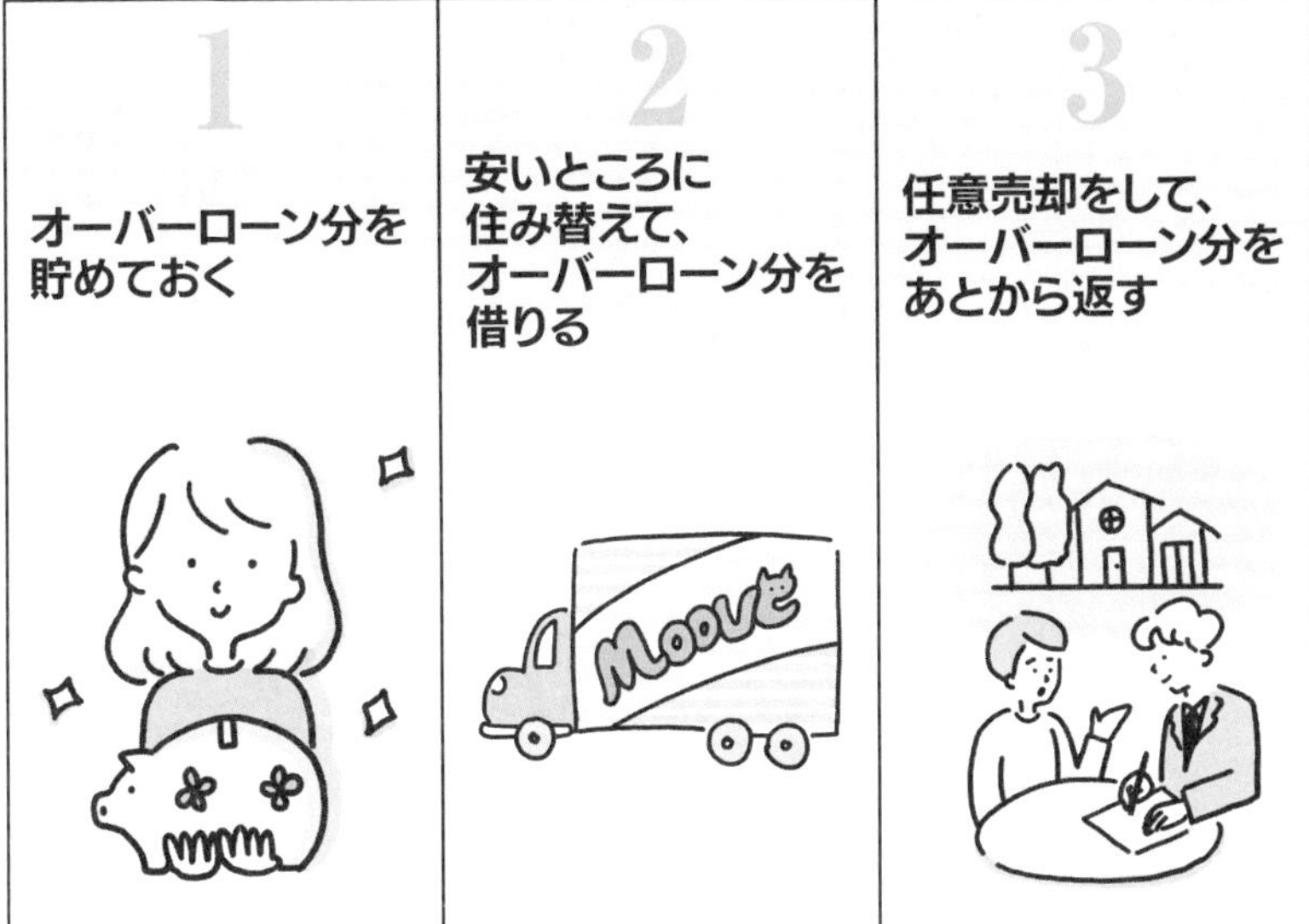

王道の備えは貯めておくこと。
4章や5章を参考に
オーバーローン分がある人は
早めに準備しよう

使う⑦

家を買いたい人は「値下がりしにくい家」を買おう

マイホームを買うときに考えたいポイントは、大きく3点あります。

「できるだけ安い物件を買う」「都心・駅近など密なエリアは避ける」「いつ売ってもオーバーローンにならないようにする」です。

くわしくお伝えします。

(1) 値下がりしにくい、安い物件を買おう

変化の激しい先の読めない時代に入りました。高い物件を買って、高額のローンを組んでしまうと、失業や大幅な収入ダウンのときに大変です(前項を参照)。

そこで、**住宅ローンは「年収の4倍」を目安に、10年〜15年で返すつもりで借りる**ことをオススメします。

たとえば年収500万円の方であれば2000万円です。借りようと思えば年収の5〜8倍を借りられることもあります。**しかし「借りられる＝返せる」わけではないことに注意してください。**

マンションを買いたい方は、中古マンションが一般的にはオススメです。マンションの値下がりが25〜35年でゆるやかになることが多いからです(「使う④」参照)。中古だと安く買えて値下がりもしにくいので、オーバーローンになりにくいのです。

一戸建ては、新築でも中古でも値段はゆるやかに長く下がり続ける傾向があります(「使う④」参照)。その意味では新築でも中古でもあまり差はありません。ただ中古のほうが安いので、そういう意味ではいいかもしれません。

（2）都心・駅近など密なエリアは避けよう

新型コロナウイルスのような感染症は、これからも流行するかもしれません。

そこで、世界的な感染症が定期的にやってくるという前提で、エリアや物件を選ぶことをオススメします。都心・駅近など人が密に集まるエリアは避けて、郊外や駅から少し離れたところに買うほうが無難です。そのほうが、同じ条件の家でも安く買うことができて、コストパフォーマンスもよくなります。

（3）いつ売ってもオーバーローンにならないようにしよう

「使う⑤⑥」の項目で伝えましたが、家を売ろうとしたときにオーバーローン状態だと大変です。

そこで、頭金を入れたりまとまった貯金を持っておいたりして、いつ売ってもローンを完済できるように計算しましょう。誠実な営業担当者なら一緒に計算してくれます。

「頭金不要！」などの営業トークに乗せられて、フルローンを安易に組まないように注意しましょう。前述したように「借りられる＝返せる」わけではないのです。

「安くて値下がりしない、密ではないエリア」に家を買おう！

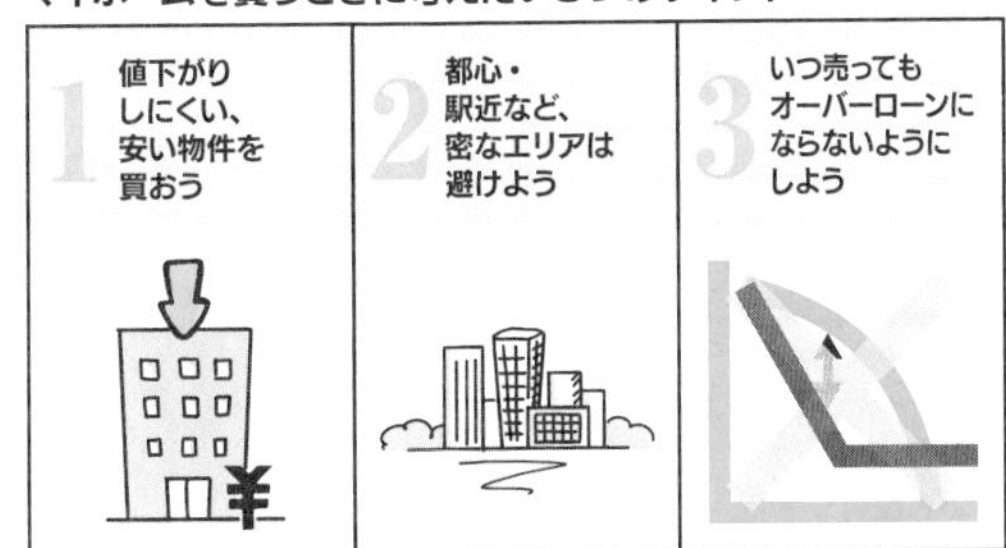

フルローンを安易に組まないようにくれぐれも注意しよう

使う⑧

教育費も「新しい価値観」で考え直してみよう

お子さんがいるご家庭から「教育費をいくら貯めたらいいいですか?」という相談も多くいただきます。

教育費についてはいろいろなデータがあります。大ざっぱに言うと、

- **オール公立で大学まで進学すると1000～1500万円**
- **オール私立だと2000～3000万円**

などと言われています(学習塾やスポーツなどの習いごとも含みます)。

大学や私立の中・高に通わせると、その年の教育費の支出はとても大きくなります。

貯金に余裕がある方は、教育費をたくさんかけても構いません。

でも、そうでない方は、これからの新しい時代に教育費にどこまでお金をかけるのかを、一度、真剣に考え直してみることが必要でしょう。

私は、**高校や大学などに単に行かせるために教育費をかけることはあまりオススメしていません。これからの時代は「進学して、それなりの会社に入れば幸せ」という価値観はどんどん崩れていく**と考えるからです。

学習塾などにたくさんお金をかけて、がんばって進学させたとしても、そのメリットがなくなってしまうかもしれないのです。

人の幸せに、学歴より「自己決定」のほうが約9倍も強い影響を与える

「幸福感と自己決定　日本における実証研究」より

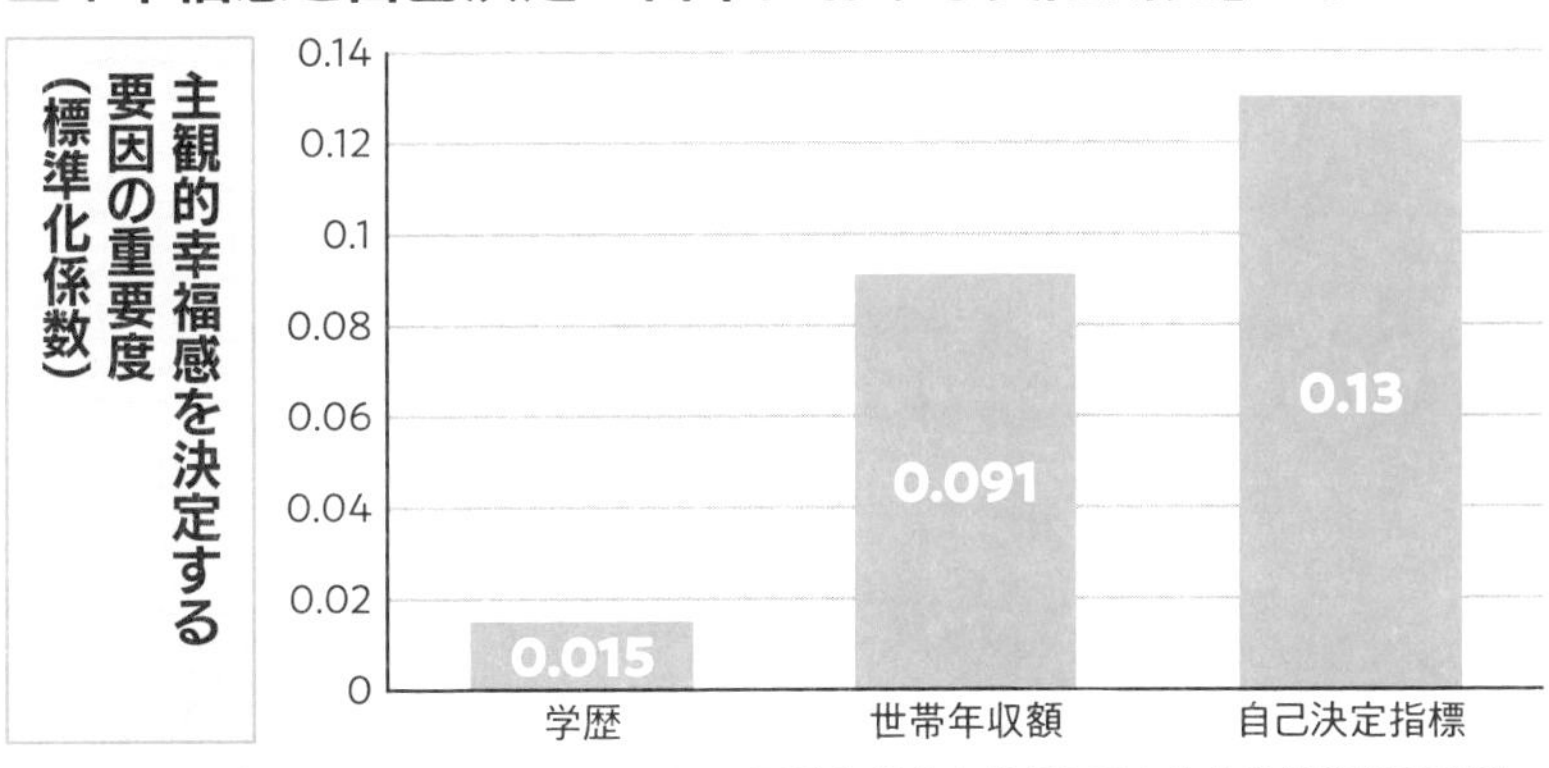

※神戸大学社会システムイノベーションセンターの西村和雄特命教授と同志社大学経済学研究科の八木匡教授の研究　2018年

「学歴」よりも「自己決定」（自分で進路や就職を決めること）のほうが「約9倍」も幸せに影響を与える。

2018年の神戸大学による国内2万人のアンケート調査で、このような発表がありました。つまり**学歴より「自分で考え、自分で決める力」を高めるほうが、これからは重要になる**かもしれないということです。

お子さんが「好きなこと」「得意なこと」を自分で見つけられて、自分で伸ばせる。そのような関わり方を親としてする。そのほうが家族の幸せにつながるかもしれません。そしてそれが、お子さんの将来の「稼ぐ力」（2章）にもつながると考えています。

お子さんが「好きなこと」「得意なこと」を伸ばしていった結果として「大学や専門学校に行きたい」と自分で決めて進学する、そうであったら、それはよいことでしょう。

でも、その場合は、親が費用をすべて準備

する必要はないと考えています。

奨学金などの制度を利用したり、お子さんがアルバイトや副業などで稼いだりするほうが、主体的な大学生活になるのではないでしょうか。

現実的には、親としてムリのない範囲で「教育費も兼ねて」貯めておくのがいいと考えています。お子さんが主体的に、私立の中学や高校を望む可能性もあります。

貯金や投資で積み立てて、失業や収入ダウンなど自分たちのピンチがあれば、それをしのぐために使う（4章・5章を参照）。

そういうピンチが来なかったら、お子さんの教育費の一部を出してあげる。足りない分は、奨学金やアルバイトなどで、お子さんに何とかしてもらう。

そういうことも、ぜひ選択肢に入れて考えてみていただければと思います。

奨学金の制度を知って、上手に活用しよう

- 「日本学生支援機構」が、日本の奨学金事業の9割近いシェアを占めている
  ※自治体・学校でも取り扱っている
- 4割近い学生が、奨学金の制度を活用している
- 保証人がいらず、保証機関が保証してくれる「機関保証」もある

返済しなくていい「給付型」	返済が必要な「貸与型」
・親の収入に制限があることが多い ・一定以上の成績が求められることもある ・給付型の対象になると、授業料や入学金も免除・減額される	・無利子と有利子がある ・有利子タイプも0.01～0.27%程度と非常に低金利になっている ・子どもの名義で借り、子どもが返済する ・とくに優れた業績による「返還免除」の制度がある

使う⑨

車を買う「以外」のサービスも検討してみよう

「使う②」の項目で紹介した「人生の三大支出」の次に大きな出費になりやすいのが、車のお金です。お住まいのエリアによっては「車の購入は必須」と感じる方もいるでしょうが、「車は買わない」ほうが支出が下がり、お金が貯まりやすくなる傾向があります。

車を買う以外の選択肢も増えています。この項目で一般的な特徴をまとめました。各サービスのメリットとデメリットを知って、自分に合ったサービスを探してみることをオススメします。

次ページの図で**購入、カーリース、最近始まったサブスクリプションを比較すると、カーリースもサブスクリプションも、それなりの費用がかかることがわかります。**

車が必要な方は、中古車を一括で買って長く乗るか、中古車のリースやサブスクリプションを利用するのが、支出を下げるという点ではメリットが多そうです。

また、車を持たずに「その度にお金を払うサービス」も広がっています。

車から得られる価値はたくさんありますが、**支出の点だけで言うと「購入」「カーリース」「サブスクリプション」よりも「レンタカー」「カーシェアリング」「タクシー」のほうがメリットは多い**と感じます。

車を毎日使わない方にはとくに、これらのサービスがオススメです。使う度にお金を払うとコストの意識を持ちやすくなるので、支出が自然と下がります。車を手放すことで貯金ができるようになる方も多いです。

とくに**カーシェアリングは、カーステーションがどんどん設置され、利用者も増えています。**知らないうちに近所にステーションができているかもしれません。買い替えや車検のタイミングなどで、近所にステーションができていないかをチェックしてみるのもいいかもしれません。

購入とそれに近いサービスの比較

	メリット	デメリット
購入 **車を買って持つこと** 購入額の平均170万円 ※それ以外に、税金、保険、車検代などがかかる	・いつでも好きなときに乗れる **・同じ車に長年乗れば、割安になる** ※平均の買い替え期間は、新車で7.7年、中古で5.7年	**・買うとき、持っている間の費用が高い** ・費用の総額がつかみにくい ・駐車場がいる ・定期的なメンテナンスや車検を受ける必要がある
カーリース **車を長い期間、借りること**(年単位) ・月に1.5万円~5万円程度が多い	・いつでも好きなときに乗れる **・期間が過ぎたら、別の車に乗り換えられ、買い取りもできる** ・まとまった出費がない ・税金や車検などがリース料に含まれている ・費用をつかみやすい	**・総額だと購入に近い額になることもある** ・駐車場がいる ・任意保険は自分で入る必要がある ・途中の解約や変更がしにくい ・大きな事故を起こすと強制解約になることがある
サブスクリプション **車を定額で利用すること**(年単位) ・月に1万円~高級車だと数十万円と幅が広い	・いつでも好きなときに乗れる **・カーリースより短期間で、車種の変更がしやすい** ・まとまった出費がない **・途中の解約や変更が、リースよりしやすい** ・税金、保険などの諸経費が費用に含まれている ・費用をつかみやすい	**・総額だと購入に近い額になることもある** ・駐車場がいる ・途中の解約や変更ができないことがある

※各種の統計データなどから独自に算出して比較(これに当てはまらないこともあります)

使う度にお金を払うサービスも検討してみよう

購入せずに、その度に支払うサービスの比較

	メリット	デメリット
レンタカー **乗りたい車を短い期間、借りること**（数時間~1日単位） ・6時間まで4000円~1万円程度が多い	・ドライブや旅行など、半日~数日の利用に使いやすい ・半日、1日あたりの支出を安く抑えられる	・借りたり返したりするのが手間 ・乗りたい車がないときがある
カーシェアリング **何台かの車を会員で共同して使うこと** ・月会費1000円、15分200円などが多い	・買い物など、日々のちょっとした時間に使いやすい ・1回あたりの支出を安く抑えられる ・ガソリン代も込みであることが多い	・家の近くにカーステーションがないと利用しにくい ・カーステーションまで行く必要がある ・乗りたいときに予約で埋まっていることがある
タクシー **使うときに、その都度支払って乗ること** ・初乗り410円~690円+加算運賃 ※エリアによって変わる	・自分で運転せずに、行きたいところに行ける ・都市部では、乗りたいときに探しやすい ・スマートフォンアプリの進化で、探しやすくなってきている	・使いたいときに、呼ぶか探さなくてはいけない ・時間あたりの支出は、レンタカーやカーシェアリングより高くなる

※各種の統計データなどから独自に算出して比較（これに当てはまらないこともあります）

サービスは日々進化している。最新の動きにアンテナを張っておこう

金リュウ先生オススメ！
毎月の小さな固定費も見直そう

毎月の支出は、小さいものも見直そう

1 **通信費**  	**通信費**を減らすには**「固定電話をやめる」「携帯電話の契約を格安SIM（シム）にする」「LINEなどの無料通話を日常的に使う」「インターネットプロバイダーを安いところに変える」**などが考えられるよ。 とくに今、**携帯電話を大手キャリアで契約している人は、格安SIM（シム）に乗り換えるだけで、通信費を大きく減らせる**かもしれない。昼や夜の混雑する時間帯に、通信速度が少し遅くなることもあるけど、コスパはとても高い。インターネットで「格安SIM」と検索して調べてみるのをオススメするよ。
2 **生命保険の保険料** 	**生命保険**を見直すときの考え方は、1章⑨⑩で、すでにお伝えしたよ。あなたが必要だと考える保障を明確にして、それに合った契約になっているかを確認してみよう。そして、**合っていない部分を解約すれば、保険料を安くできる**かも。

ここまでで紹介できなかった固定費の見直しについてのアドバイスをするよ

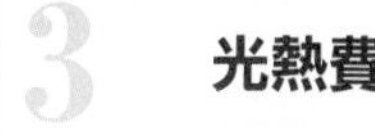

3 光熱費

光熱費を減らすには、**料金の自由化で参入した、安い電力会社やガス会社に切り替える**のがカンタン。乗り換え先の会社にインターネットで申し込めば、手続きは完了するよ。電気とガスをまとめて選べるプランもあるよ。
お住まいのエリアによって契約できる会社が違うので、インターネットなどでぜひ調べてみよう。

4 それ以外

その他にも、毎月支払いのものがないかを、銀行の通帳やクレジットカードの支払い明細などでチェックしてみよう。とくに月々1000円以下のものは引き落とされていることすら忘れがち。

スポーツジムや習い事、食料品の定期購入、ゲームやアプリ・セミナーなどの定期支払いなどがあるかも。支払いを見つけたら、**本当にそれが必要なのかを一度立ち止まって考えてみよう**。

また、**クレジットカードの「分割払い」や「リボ払い」がないかもチェックしよう**。**これらは金利がとても高いので、貯めたいなら絶対に使ってはダメ**。怖さを知らずに使っている人が時々いるので、注意しよう。

使う⑩

新しい時代の「自分らしい」お金の使い方を探ろう

ここまで、毎月の「大きな固定費」をイチから見直すアドバイスをしてきました。そして3章の最後は、日々の支出（変動費）の見直しについてお伝えします。

日々の支出は、手取りの10％を「自分らしく」「気持ちよく」使うことをオススメしています（4章「貯める③」を参照）。ぜひあなたらしいお金の使い方を考えるきっかけになったら嬉しいです。くわしく説明します。

（1）豊かさを感じられるものにお金を使う

「新しい生活様式」に移ることが求められる中、生活の仕方、時間の使い方、人との関わり方を模索し始めた方が多いと感じています。

そこで大事になるのが、自分が豊かだと感じられるものにお金を使うことです。これまでの価値観や価格はあまり気にせず、自分の感覚を大事にしてみるといいでしょう。

・それを手に入れたり体験したりするだけで、豊かな気分になれる

・自分の気持ちやエネルギーが高まったり、感謝が湧いたりする

こういうお金の使い方が増えると、より自分らしくいられるのではないでしょうか。

（2）「心」と「体」が喜ぶものにお金を使う

自分の「心」と「体」の健康に意識を向ける人も増えました。ネガティブな情報が氾濫（はんらん）し、心も体も気づかないうちにストレスがたまりがちです。

- **心が安らぐことや癒やされること**
- **体が心地いいことやリラックスできること**
- **体にいいものや栄養があるものを摂ること**
- **免疫力を上げること**

このようなものに意識的にお金を使うと、より自分らしくなれるでしょう。

(3)「生き金」にお金を使う

新しい時代に移り、自分が何にお金を使うべきかを真剣に考える人が増えたと感じています。そのときに意識するといいのが「生き金」です。生き金とは、使うことで「生きる」お金、「有効に使われる」お金のことです。

投資でいうと「増えて返ってくる」ことを期待して使うお金（5章を参照）です。

それだけでなく、

- **(1)(2)のような、自分のためになることに使うお金**
- **感謝や応援で、大切な人や会社にお金を使ったり寄付をしたりする**

なども生き金になります。

3章のポイント

- これまでの価値観などに囚われずに、支出を見直してみよう。
- 大きな固定費から減らそう。
- とくに「住宅費」「教育費」「老後のお金」をゼロベースで見直そう。

第4章

貯金が得意な人だけが知っている賢くラクな「お金の貯め方」

貯める①

お金が貯まる「しくみ」をつくろう

2章で「収入を増やす方法」、3章で「支出を減らす」方法をお伝えしました。

この2つができれば、お金が貯まるようになるはずです。

なぜなら**「収入－支出＝貯金」**だからです。

でも残念ながら、必ずしもこうならないのが、貯金の奥深いところです。「貯めているはずなのに、なぜか貯まらない」「お金が知らないうちに消えてしまっているよう」と感じる方もいるかもしれません。

お金が貯まらない大きな理由は「何に使ったのかをはっきり覚えていないけど、なんとなく使ってしまっているお金」（使途不明金）があるからです。

それによって、気づかないうちにお金がどこかに消えてしまうのです。

残念な努力のたとえとして**「穴の空いたバケツに水を注ぐ」**という言い方があります。

貯金でも同じことが起こっています。

「なんとなく使っている
お金がたくさんある」

＝

「バケツに穴がたくさん空いている」

だから、貯金ができないのです。

ここまでを読んでドキッとした方は、大丈夫です。じつはお金を使ってしまっていることを自覚できているからです。

危ないのは「自分では考えて使っているつもり」でも貯まっていない方です。どんぶり勘定で「何とかなるだろう」と思っていますが、何とかなっていないので貯まっていないのかもしれません。自分が思っている以上に水が出ていってしまっていることを強く自覚すると貯まるようになります。

では、空いている穴に対して、どんな手を打てばいいでしょうか？

方法は大きく分けて、

「空いている穴をふさぐ」

「穴から水が漏れる前に、別のところに水を移す」

の2つがあります。

「空いている穴をふさぐ」のが、浪費を止めたり、節約を心がけたりすることになります。ただ、多くの方が実感するとおり、意志ややる気で節約しようとしても、なかなか続きません。

より効果的なのは「穴から水が漏れる前に、別のところに水を移す」ことです。

つまり、収入が入る口座とは別のところにお金を自動的に移していくのです。

これを私は「貯まるしくみ」をつくる、と言っています。意志ややる気に頼らず、お金が「自動的に」貯まるようにする。それが「貯まるしくみ」です。

この4章では、お金がニガテな方でもできそうな「貯まるしくみ」のつくり方を紹介します。必ずしもすべてをやる必要はありません。ピンと来たページだけぜひ読んでみてください。

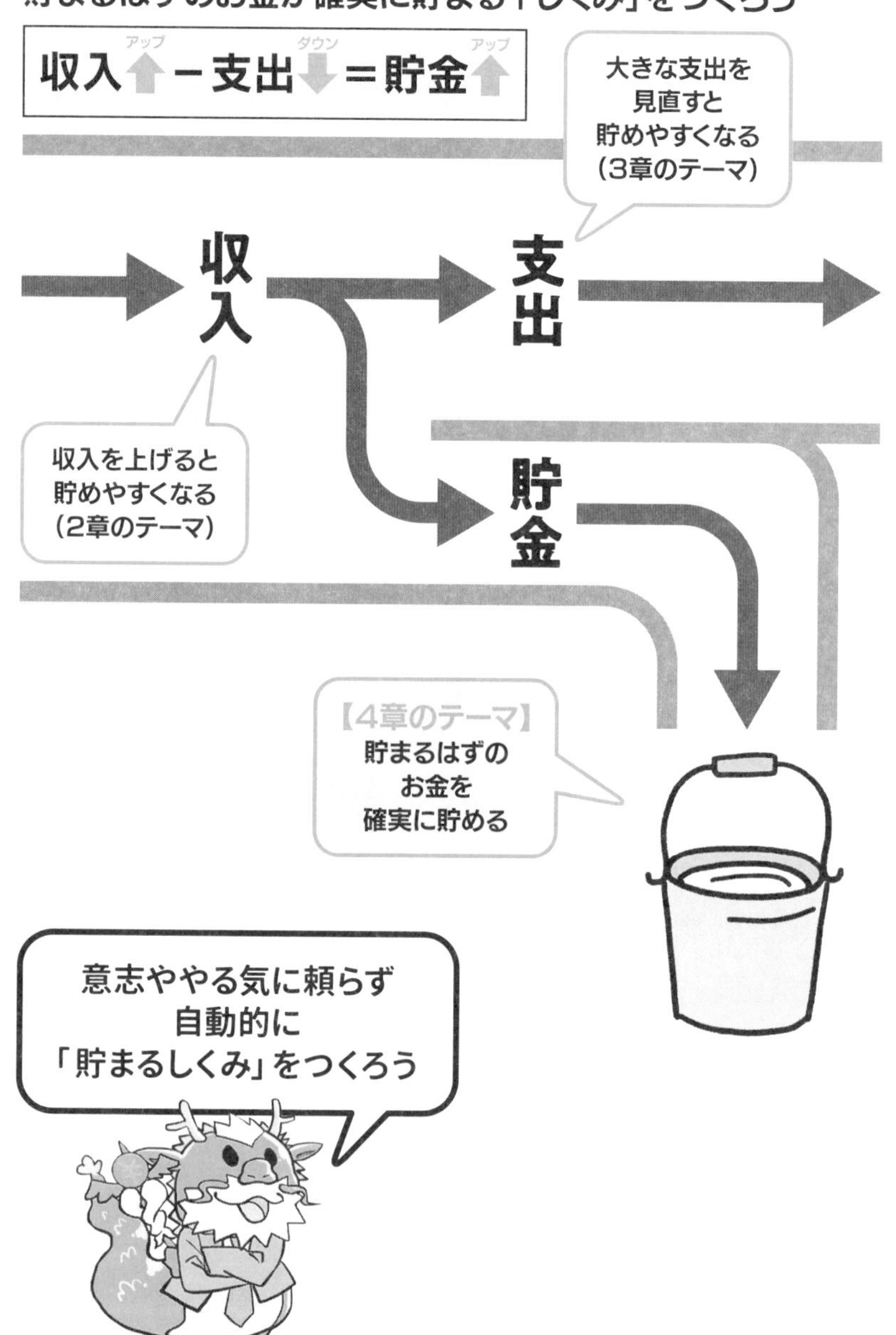
貯まるはずのお金が確実に貯まる「しくみ」をつくろう
収入↑（アップ）－支出↓（ダウン）＝貯金↑（アップ）
大きな支出を
見直すと
貯めやすくなる
（3章のテーマ）
収入
支出
収入を上げると
貯めやすくなる
（2章のテーマ）
貯金
【4章のテーマ】
貯まるはずの
お金を
確実に貯める
意志ややる気に頼らず
自動的に
「貯まるしくみ」をつくろう

貯める②

一番貯まるのは「天引き」

「貯まるしくみ」をつくるのに一番オススメなのは**「天引き」**です。

「天引き」とは、自分の口座にお金が入ってくる「前に」お金を移すことです。前項でお伝えした「穴の空いたバケツ」の例でいうと、**バケツに入る「前に」移してしまうのです。そうすれば自動的に貯まり、穴から漏れる水も自然と減っていきます。**

お金を貯めている方のほとんどが天引きをやっています。そして、お金が貯まらない方のほとんどがやっていないのです。

これは行動の差だけでなく、貯金の考え方の差から来ていることに気づきました。

このちょっとした考え方の差が、貯まるかどうかの大きな差になっていくのです。

そこで、あなたにぴったりの貯め方が見つかるチャートをつくりました（P126～127参照）。ムリのない金額から、ぜひスタートしてみてください。

何のために貯めるのかを考えてみるとスタートしやすいかもしれません。

また、**貯まっていく金額を半年や1年に1回など定期的に眺めると、嬉しくて貯めるのが快感になり、続けやすくなる**方もいます。何年でいくら貯まるかの早見表をP125の図解に載せましたので、ぜひチェックしてみてください。

お勤めの方は「財形貯蓄」など、給料が入る前に天引きできる制度があるかもしれません（P128参照）。これが一番貯まります。総務部など勤め先に天引きの制度がないかを、問い合わせてみてください。

どなたにとってもオススメの方法は、メインバンクの「定期預金」にお金を自動で移して貯めることです（P128参照）。

「積み立て定期預金」という名称であることが多いのですが、銀行によって少しずつ表現は変わります。ご自身のメインバンクを調べてみてください。厳密に言うとこれは天引きではありませんが、思った以上にカンタンに貯まることが多いのです。

「穴の空いたバケツ」の例でいうと、バケツに入ったと「同時」に移してしまうのです。天引きとほぼ同じ効果があります。

ここで、定期預金について、多くの方が誤解していることも解説します。

積み立ての定期預金を途中で下ろすと損をすると思っている人がいますが、損はしません。期間の途中で下ろしても、普通預金の金利になるだけです。

だから、ここで紹介している定期預金で自動的に積み立てる方法は、どなたにとってもオススメです。

大事なのは、収入が入った「その日」に移るようにすること。お勤めの方など、定期的な給料がある方は、給料日に自動的に移るようにしましょう。

使う前に自動で貯まるようにすれば、誰でも貯められる

貯まらない人と貯まる人の違い

	貯金の考え方	貯金の行動
貯まらない人	収入－支出＝貯金	使った後に残った分で貯金しようとする
貯まる人	収入－貯金＝支出	先に貯金して、残りを使う

何年でいくら貯まるか早見表

月々の貯金	3年	5年	10年
1万円	36万円	60万円	120万円
3万円	108万円	180万円	360万円
5万円	180万円	300万円	600万円

金リュウ先生オススメ！ 自分に合った貯めるしくみを見つけよう

あなたにぴったりの貯め方が見つかるチャート

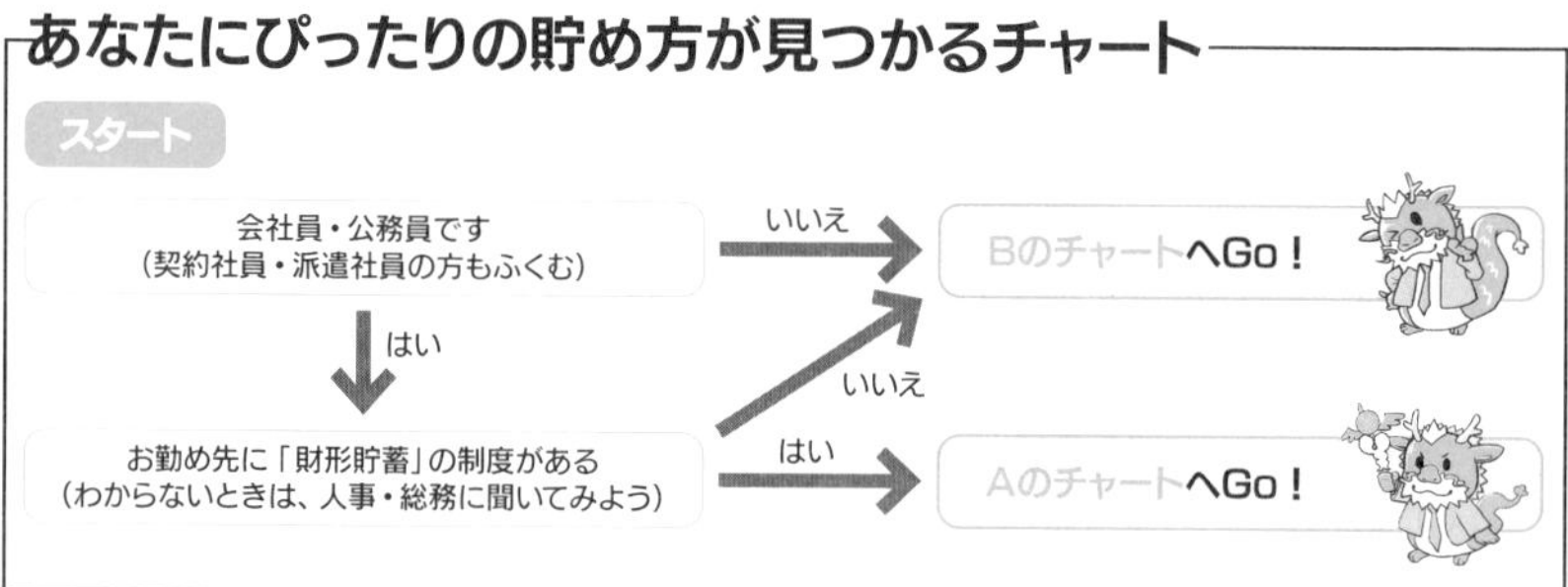

Aのチャート

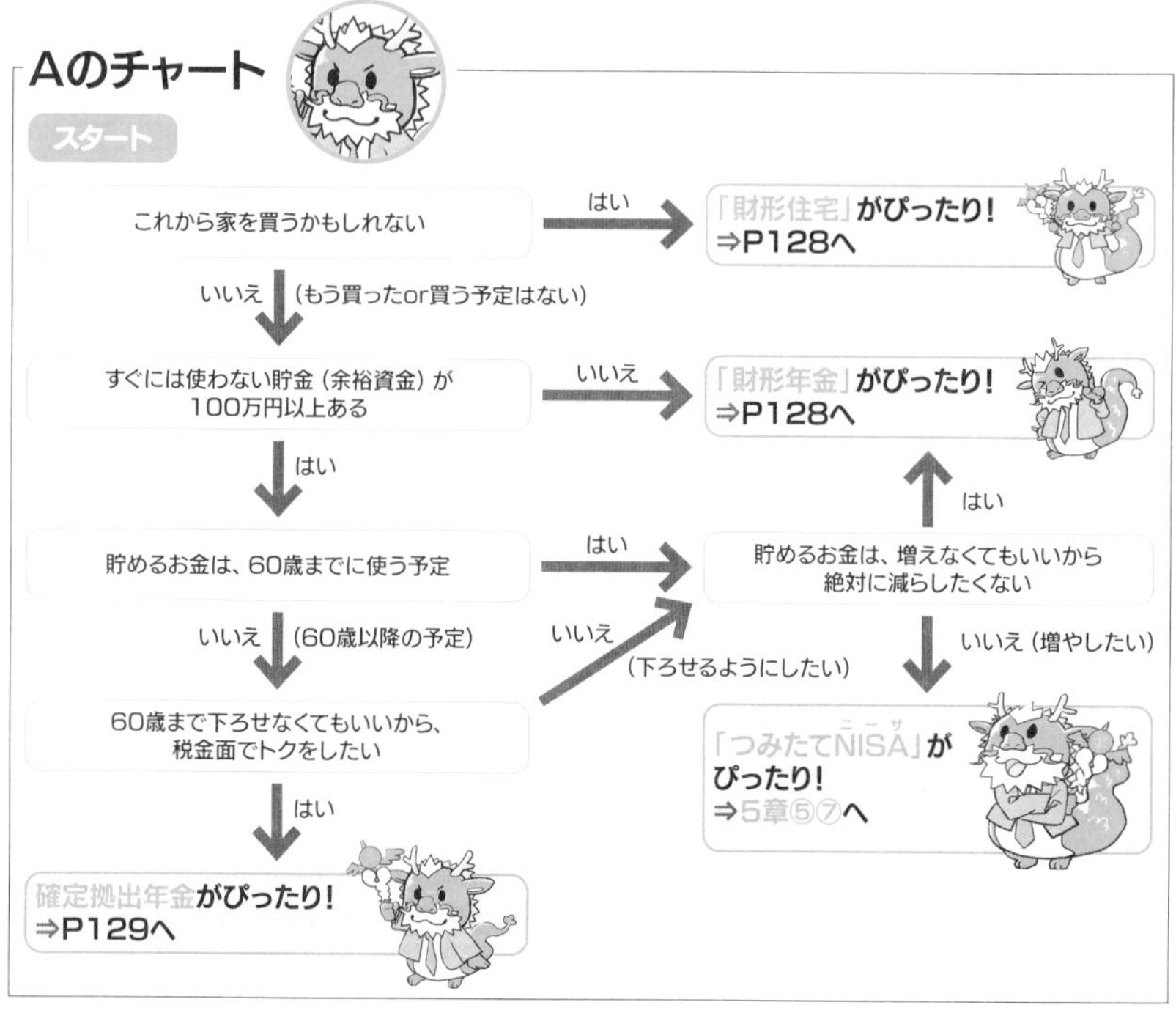

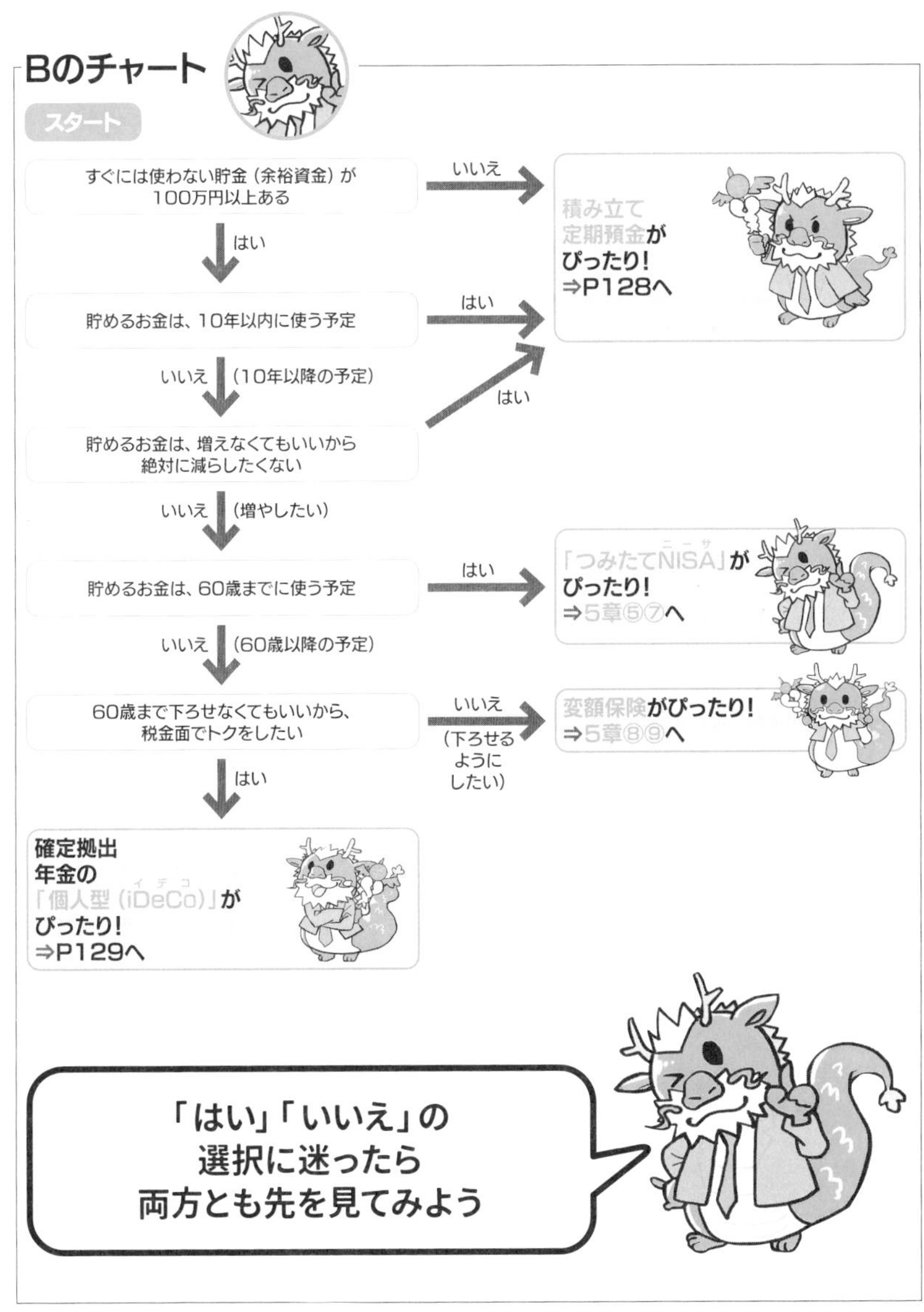
Bのチャート
スタート
すぐには使わない貯金（余裕資金）が
100万円以上ある
いいえ
積み立て
定期預金が
ぴったり！
⇒P128へ
はい
貯めるお金は、10年以内に使う予定
はい
いいえ（10年以降の予定）
はい
貯めるお金は、増えなくてもいいから
絶対に減らしたくない
いいえ（増やしたい）
貯めるお金は、60歳までに使う予定
はい
「つみたてNISA」が
ぴったり！
⇒5章⑥⑦へ
いいえ（60歳以降の予定）
60歳まで下ろせなくてもいいから、
税金面でトクをしたい
いいえ
（下ろせる
ように
したい）
変額保険がぴったり！
⇒5章⑧⑨へ
はい
確定拠出
年金の
「個人型（iDeCo）」が
ぴったり！
⇒P129へ
「はい」「いいえ」の
選択に迷ったら
両方とも先を見てみよう

金リュウ先生オススメ！
天引きの制度を使って自動で貯めよう

お勤めの人にオススメの天引き「財形貯蓄制度」

<table>
<tr><td colspan="2">いわゆる「財形（ざいけい）」。国の制度（厚生労働省が担当）で、
会社や役所の福利厚生のひとつ
・月々1000円以上、1000円単位でできる
・転職時も、転職先が導入していれば、引き継ぐことができる</td></tr>
<tr><td>目的を決めなくていい
「一般財形貯蓄」</td><td>どんな目的にも使える貯蓄の制度</td></tr>
<tr><td>家のお金を貯める
「財形住宅貯蓄」</td><td>住む家を買う・建てる・リフォームするなどの目的で
貯めるための貯蓄の制度。家を買うお金を
貯めたい方は、迷わずこれで天引きをしよう
※家以外の目的で解約しても、一般財形の扱いに
なるだけなので、一般財形と比べて損はしない</td></tr>
<tr><td>老後のお金を貯める
「財形年金貯蓄」</td><td>老後の生活のためのお金を貯める貯蓄の制度。
利子にかかる税金を払わずに、老後のお金を
貯められ、解約も1年経てばいつでもできる</td></tr>
</table>

※内容などが少しずつ異なるので、詳細はお勤め先にご確認ください。

すべての人にオススメの、天引きに近い「銀行」サービス

<table>
<tr><td>積み立て定期預金
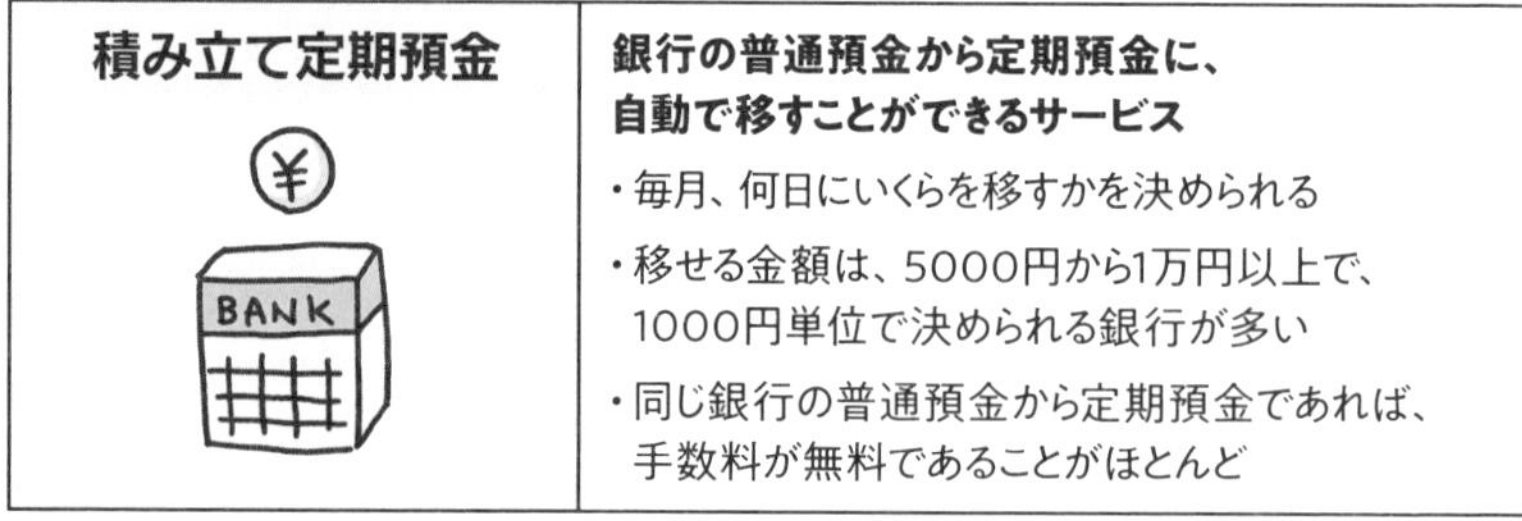</td><td>銀行の普通預金から定期預金に、
自動で移すことができるサービス
・毎月、何日にいくらを移すかを決められる
・移せる金額は、5000円から1万円以上で、
1000円単位で決められる銀行が多い
・同じ銀行の普通預金から定期預金であれば、
手数料が無料であることがほとんど</td></tr>
</table>

※銀行によって名称やサービス内容などが少しずつ異なります。

天引きに近い「確定拠出年金」

<table>
<tr><td colspan="2">国の年金制度に加えて、個人として積み立てができる年金の制度
・自分で運用方針を決める
・税金面でのメリットが多い
・ただし、元本保証がないことと、基本的に60歳まで引き出せないので、そこは注意が必要</td></tr>
<tr><td>企業がお金を出す
「企業型（DC（ディーシー））」</td><td>お勤めの企業がお金を出す、
従業員の退職金制度の一つ。運用は自分でする。
自分でもお金を出して、
運用するお金を増やすことができる会社もある。
その場合、天引きで運用ができる</td></tr>
<tr><td>自分でお金を出す
「個人型（iDeCo（イデコ））」</td><td>お勤めの企業に確定拠出年金がないときや、
自営業・主婦・主夫の人でもできる、
個人型の確定拠出年金。
愛称は「iDeCo（イデコ）」。
自分でお金を出して、自分で運用する
※詳細は公式サイトを参照してください
https://www.ideco-koushiki.jp/</td></tr>
</table>

自分に合ったものを見つけて
まずは少額でスタートしてみよう

貯める③

手取りの80%を使って、20%を貯めよう

「貯める②」の項目で「先にお金を移す」大切さをお伝えしました。

では、いくらの金額を、天引きして貯めればいいのでしょうか?

オススメは、月収の手取りを次ページの図のように振り分けることです。

最初は、手取りの20%を、投資ではなく天引きで貯めることをオススメします。まずは手堅く貯めるのです。

具体的な使い先は以下です。

- **貯金の残高の10%を金に**(**1章②③**)
- **生活費の1か月分をタンス預金に**(**1章④**)
- **生活費の1~3年分を貯金に**(**1章⑥、具体的な貯め方は4章②**)
- **財産の1~2割を生命保険に**(**1章⑨⑩**)

これらが終わったら、次は「増やす」ために、投資に回します。こちらは5章で詳しくお伝えします。

次に、娯楽費として10%を割り当てます。お金は人生を楽しむための便利な道具でもあります。すべてのお金をピンチや将来のために貯め続けて、今がつらくなってしまうのも本末転倒です。

手取りの10%までと決めて、好きなことに使い、人生を楽しむこともオススメします(第3章「使う⑩」参照)。

そして、楽しく使ったら、残りの70%を、日々の生活のための消費に充てる。これが私のオススメする、バランスのいいお金の使い方です。

貯金の習慣がないと、20%を移すのがむずかしいと感じる方もいるかもしれません。

そのときは、**まずは月に3000円（1日100円程度）からスタートしてみましょう。**

経験上、月に3000円までは、収支の誤差の範囲内です。天引きすれば誰でも貯められます。さらに言うと、ほとんどの方は、月に数万円までは天引きしても大丈夫であることが多いです。誤差や使途不明金に吸収されるからです。

「貯金・投資に20%」「娯楽費に10%」「消費に70%」に手取りを振り分けよう

オススメのお金の使い方バランス

貯金・投資 20%（天引き）	**増えて返ってくることを期待してお金を使おう** 20%のお金を天引きして、まずは**「貯める」**(4章) そのあとは、お金を天引きして**「増やす」**(5章)
娯楽費 10%	**生活に必須ではない贅沢や、趣味・楽しみにお金を使おう** 10%はむずかしく考えず、楽しいことやワクワクすることに気持ちよく使う
消費 70%	**日々の生活をするために欠かせないものにお金を使おう** とくに固定費を下げて、70%の範囲で使う(3章)

手取りの20%を貯金に回すのがむずかしいと感じたときは
まずは月に3000円（1日100円程度）から
スタートしてみよう

貯める④

お金の出入りは「その月」でやりくりしよう

手取りの20％を「投資」に回そうと前項で書きましたが、最初のうちは、20％を天引きできても、残りの80％で生活できずに、収支が赤字になってしまう方もいます。

そこで、この項目では、お金の出入りを「その月」でやりくりするコツを紹介します。

その月でやりくりできない原因の多くは、自分が「普通」だと思う生活水準が、同じ年収の人より高くなっているからです。

一般的に、年収と生活の水準は比例します。たとえば次ページ上図のイメージです（わかりやすくわざとデフォルメしています）。

たとえとしてお寿司を出しましたが、飲み会や化粧品、洋服、3章で取り上げた「家」「車」「教育」などでも同じです。

現代の消費社会は、お金を使わせる誘惑で溢れています。相当に注意しないと、どれだけ収入が上がっても、生活の水準もどんどん上がってしまうので、貯まらないのです。

貯められない方ほど、このパターンにはまっています。生活水準がじつは高くなってしまっていることに気づかないと、いつまでも貯めることはできないのです。

逆に、お金が貯まる人ほど、同じ収入の人に比べて質素な生活をしています。

たとえば収入が600万円でも、400〜500万円の人レベルの生活をしているので貯まるわけです。収入が上がっても生活水準をあまり上げません。資産家の方のほとんども、じつは質素な暮らしをしています。

年収	生活の水準の例
それ以上	銀座の超高級な寿司屋
1000万円	築地の高級な寿司屋
600万円	回らない寿司屋
400万円	手巻き寿司、回転寿司
200万円	カンタンな手巻き寿司（シーチキンなど）

生活水準が無意識に高くなっていないか、見つめてみよう

生活水準を下げるとその月でやりくりできるようになる

年収	生活の水準
それ以上	銀座の超高級な寿司屋
1000万円	築地の高級な寿司屋
600万円	回らない寿司屋
400万円	手巻き寿司、回転寿司
	カンタンな手巻き寿司（シーチキンなど）

無意識につくられた生活水準を
「意識的に下げる」と貯められるようになる

貯める⑤

お金が貯められない人は「お金の流れ」をざっくりつかもう

収支をその月でやりくりし、貯めるコツがあります。**それは「ざっくり」でいいので、お金の流れをつかむこと**です。

お金が毎月「いくら入ってきて」「いくら出ていって」、それによって「いくら貯まっているか（または足りなくなっているか）」を押さえることです。

貯められないほとんどの方は、これをやっていません。まるで、わざとお金の流れを見えなくしているかのようです。

コツを4つほどご紹介します。

コツ①　あえて「ざっくり」整理する

1円・10円単位でやらなくて構いません。こまかくやろうとすると、挫折しやすいので注意してください。

お金がニガテな方は、あえて「ざっくり」と、1万円単位を目安にやってみてください（月の食費は「5～6万円くらい」など）。

コツ②　家計簿をつけない

注意しなければならない、専門家のアドバイスがあります。

それは「現状をつかむために、家計簿をつけましょう」というもの。

これは誰にも役立つわけではありません。とくに、お金がニガテな方やこまかい作業がニガテな方は、やらないほうがいいと考えています。家計簿をつけようとして、数日で挫折してしまう方がとても多いからです。

コツ③　銀行口座を減らす。できたら「ひとつ」で管理する

お金を貯めるために、お金の「出」と「入り」をつかむのはじつはカンタンです。

使う銀行の口座をできるだけ減らすのです。理想はひとつの口座だけでお金の管理をすることです。そうすれば、その口座の通帳が家計簿がわりになるのです。

通帳で、毎月の同じ日（たとえば毎月1日）と、毎年の同じ日（たとえば毎年4月1日）の残高を比べるだけで、お金の流れがつかめてしまいます（家族単位での口座の管理の仕方は「貯める⑧」で紹介します）。

コツ④「ひとつの口座」を起点にする

現実的にはひとつの口座だけで管理するのはむずかしい方もいるかもしれません。

その場合は、お金の流れの起点になる口座をひとつ決めることをオススメします。

共働きの場合は、収入が多いほうの給与口座がベストです。その起点の口座から、どの口座にお金がいくら移って、何に払われているか、それさえ整理できればいいのです。図にしてみると流れが見えてきます。

ただ、お金がニガテな方に、お金の流れをつかんでいただくことがハードルが高いのはよくわかります。

むずかしいと思ったら、信頼できるお金の専門家に入ってもらい、お金の流れを一緒に整理することもオススメです。

「家計の見直し　地域名」などでインターネット検索して探してみてください。

この作業は、1回数千円から数万円を払ってサポートしてもらう価値があるほど、大切なポイントだと感じています。

お金の流れをつかむために「ひとつの口座」をお金の流れの起点にしよう

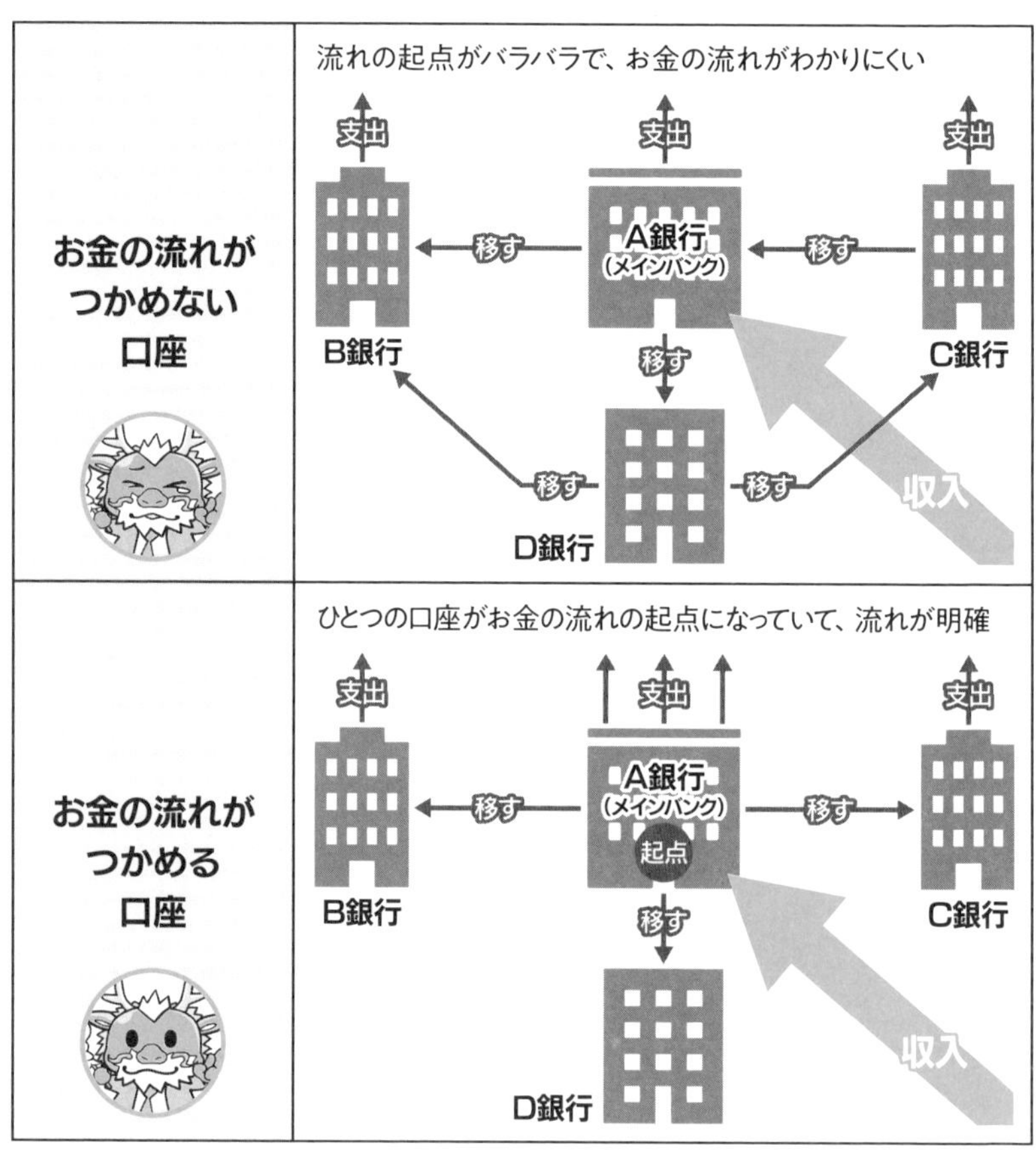

このように図にしてみると
お金の流れがつかみやすくなるよ

貯める⑥

「ピンチ」「現状」「最高」の3バージョンの収支を考えてみよう

◆「現状」バージョンがつかめると、将来を見通しやすくなる

前項でお伝えしたように「現状」のお金の流れをつかむことは大切です。ライフプランを立てて将来の収支を考えたいときも、現状がつかめていれば計算しやすくなります。

「貯める⑨」にライフプランを考えるための質問を載せています。現状の収支がつかめたら、ライフプランも考えてみましょう。

◆「ピンチ」バージョンを出してみると、チャレンジしやすくなる

さらに、お金のピンチになったときに「最低いくらあれば暮らしていける」という「ピンチ」バージョンの収支も出してみましょう。

ここまで収入が下がっても何とかなる、という目安になるからです。

これはピンチのときだけでなく、転職や起業を考えるときにも有効です。収支の最低ラインさえわかっていれば、どこまで収入が下がる可能性があってもチャレンジして大丈夫かがわかります。

◆「最高」バージョンを考えてみると、モチベーションが上がる

そして、ピンチバージョンだけでなく、「これだけの収入があって、これだけ使えたら最高だな！」という「最高バージョン」の収支も出してみましょう。そうすると貯めたり稼いだりするモチベーションが上がります。

人は義務感では動き続けることができません。自分が「本当にほしいもの」「叶えたい生活」をはっきりさせる。そうすると「貯めるスイッチ」が入って、それに向けてお金が貯まり出すのです。

では、「本当にほしいもの」「叶えたい生活」をはっきりさせるにはどうしたらいいか？

そのためには、それが見つかるような「いい質問」を自分にすることです。

たとえば、「貯める⑨」に載せているライフプランを考える質問の最初に、こうつけ加えてみてください。

「お金の心配をせずに何でもかなうとしたら、あなたの理想の生活・暮らしはどんなものですか？」

この質問を加えるだけで最高バージョンの収支とライフプランを考えやすくなります。

下の図に「ライフプラン記入シート」のQRコードを載せていますので、そちらから参考事例もチェックしてみてください。

「ピンチ」「現状」「最高」の3バージョンの収支とライフプランを描いてみよう

ピンチ バージョン	わかると、チャレンジしやすくなる
現状 バージョン	つかめると、将来を見通しやすくなる
最高 バージョン	考えると、貯金や稼ぐモチベーションが上がる

無料!「ライフプラン記入シート」をプレゼント

たくさんの参考例を盛り込んだ**「みるみる書ける!ライフプラン記入シート」**をFacebookグループ内で無料でプレゼント中! ぜひ活用してね!

https://facebook.com/groups/kanotoshi/

貯める⑦

お金のニガテ意識の奥にある気持ちを見てみよう

人が「お金がニガテ」と感じるとき、具体的には「何が」ニガテなのでしょうか？

たとえば、

稼ぐのがニガテ「自分なんかが稼げる気がしない……」

貯金がニガテ「知らないうちにお金がなくなってしまう……」

投資がニガテ「面倒そうで、やる気になれないし、損しそうで手が出せない……」

使うのがニガテ「ほしいものがあっても、ためらってしまう……」

勉強がニガテ「むずかしいと感じて、勉強する気になれない……」

多くの人がお金にニガテ意識を持っています。それは、お金で傷ついた経験がたくさんあるからです。

人間の脳は、ネガティブな体験をより強く記憶します。

お金の経験で、もし「幸せな体験」が100回、「つらい体験」が10回だったとしても、つらい体験のほうが強く残ってしまうのです。

たとえば、お金が理由で、

- **ほしいものが買ってもらえなかった**
- **やりたい習いごとをさせてもらえなかった**
- **両親が大ゲンカした**
- **貧しい生活になった**

こういう経験があると、「お金ってなんか怖い」などと無意識に刷り込まれがちです。

そして意識としては「お金がニガテ」という状態になるのです。

ここで大事なのは、忘れてしまったポジティブな体験を意識的に思い出すことです。

お金は単なる交換の道具です。だから、お金を払った分だけ、必ず何かを手に入れているはずなのです。たとえば、こういうことはなかったでしょうか？

・お金のおかげで、ほしいものが買えた
・やりたい習いごとをさせてもらえた
・お金のおかげで、両親が仲よくなった
・お金のおかげで豊かになった

あなたの部屋を見渡してみてください。そこにあるものほぼすべて、あなたがお金と交換して、手に入れたものであるはずです。

あなたは、お金を使うことによって、たくさんのものを受け取っているのです。それを思い出せると、お金のポジティブな力を感じられて、貯められるようになります。

お金のポジティブな側面を思い出そう

お金には「ネガティブな側面」と「ポジティブな側面」の両方がある

ネガティブな面	お金が理由で ・ほしいものが買ってもらえなかった…。 ・習い事をさせてもらえなかった…。 ・好きなことをさせてもらえなかった…。 ・両親が大ゲンカした…。 ・貧しい生活になった…。　など 
ポジティブな面	お金のおかげで ・ほしいものが買えた。 ・習い事をさせてもらえた。 ・好きなことをさせてもらえた。 ・両親が仲よくなった。 ・豊かになった。　など 

お金が持つポジティブな力を意識的に思い出すことで
お金のイメージをよくできるよ

貯める
⑧

共働きで一番貯まるのは「ひとつの口座」での家計の管理

お金の相談に乗っていて、あるとき、興味深いことに気づきました。

共働きのご家庭が「貯められるご家庭」と「貯められないご家庭」とに、一番大きく分かれるのです。共働きのご家庭のお金の管理のやり方はさまざまです。

大きくは、この3パターンに分かれます。

(1) 完全独立型

それぞれが自分の口座を管理するやり方

(2) 共通口座型

共通口座をつくって、それぞれがそこにお金を入れて、家族の収支はそこで管理するやり方

(3) 一口座型

片方の口座で収支をすべて管理して、もう片方の口座は貯蓄口座にするやり方

どのやり方でも、お金の流れがつかめて、しっかり貯められていたら正解です。

ただ、たくさんのご家庭のお金の相談に乗ってきて「**この方法が一番カンタンに貯められる**」と思うやり方があります。

それは**(3)の一口座型のお金の管理**です。

収入が入る片方の銀行の口座だけで毎月の収支をやりくりするのです。

そして、もう片方の収入が入る口座は、手をつけないですべて貯める。

家族のすべての引き落としを、その口座に

設定します。

現金を下ろしたいときは、カードと通帳で分けます。インターネットバンキングは両方がログインできるようにします。

別口座へのお金の振り込みなども、この口座をすべて起点にします。


経験上、これをやっているご家庭が一番貯まっています。家族で同じ口座を使うので、お金の会話が生まれやすくなります。

完全ガラス張りで相手の目もあるので浪費が減りやすいというメリットがあります。


ただ、このやり方をアドバイスしても、抵抗される方もいます。


「自分で稼いでいるのに、自由に使えなくなるのは嫌」

「自分が何にいくら使っているかを、相手に知られたくない」

「自分の貯金額を相手に知られたくない」


そういう声もいただきます。

これらの考えも間違いではありません。

ただ、お金を貯めるという観点から言うと、貯まるスピードはどうしても遅くなってしまいがちです。


ひとつの口座で管理することにもメリットとデメリットがあります（次ページ図参照）。ご家族でじっくり話し合って、２人の正解をぜひ探ってみてください。

ただ、そう言われても「家族で何をどう話し合ったらいいかわからない」という声もいただきます。そこで、Ｐ１４６〜１４７では、家族で上手に話し合うコツを紹介します。

「ひとつの口座」で家族の家計を管理してみよう

家族での口座管理のイメージ

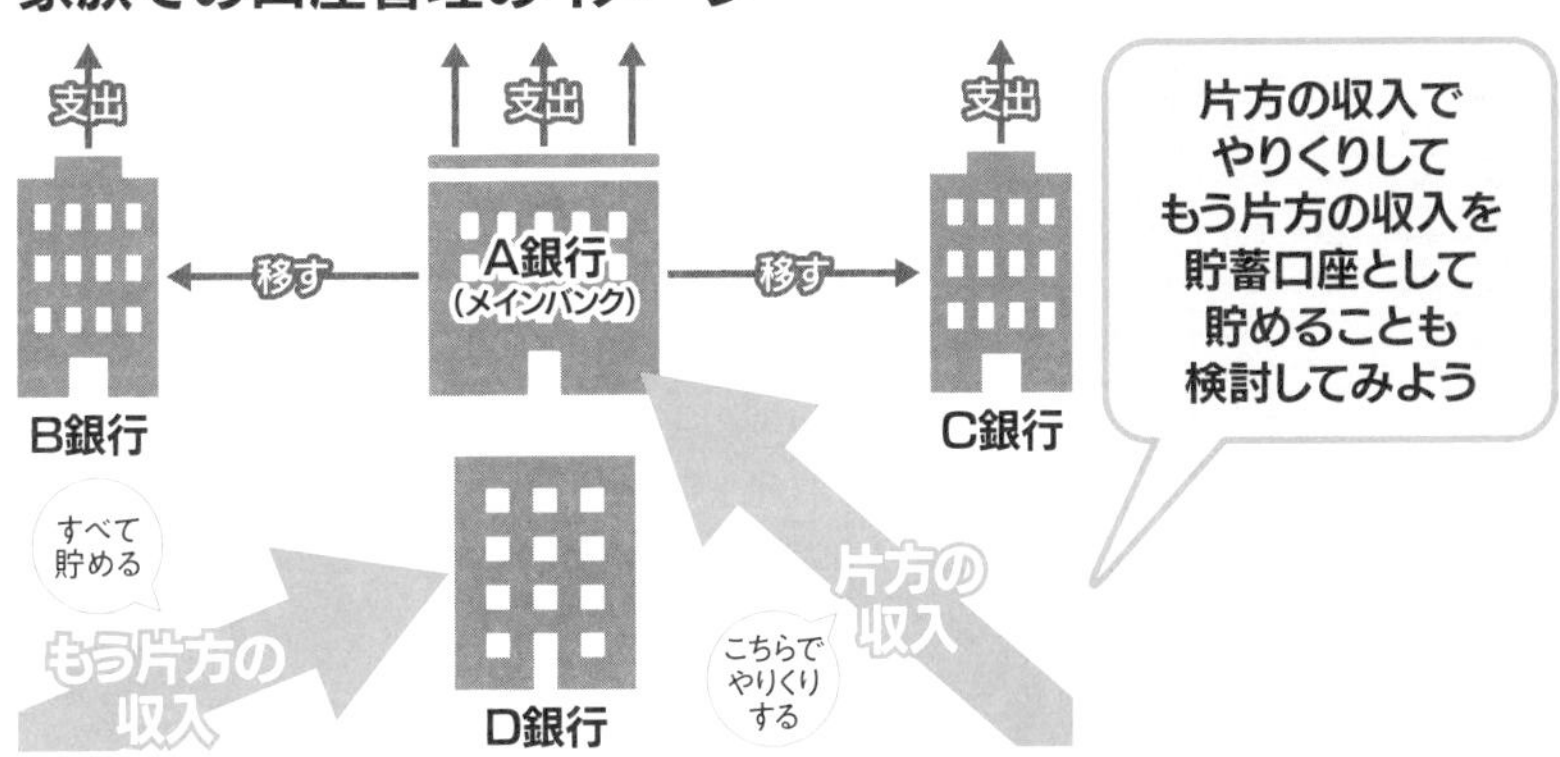

家族の家計を「一口座」で管理することのメリットとデメリット

メリット	デメリット
・家族でお金の会話が生まれやすい ・浪費が減りやすい	・自分の収支や貯金が、相手にすべて知られる ・常に相手の目が気になる

貯める
⑨

新しい時代の「お金」と「生き方」を考えてみよう

3章と4章では、さまざまなお金の使い方や貯め方を紹介してきました。

世の中が大きく変化している今、お金や生き方について、立ち止まってじっくり考え直す必要があります。

たとえばライフプランを考えるとき、このようなテーマを考えることをオススメしています。

・これからの仕事をどうする？　いくらの収入を想定する？
・どこに住む？　どんな家に住む？
・家は買う、借りる？　いくらを想定する？　それをずっと続ける？
・車は買う、借りる？　いくらを想定する？
・お小遣いはいくらにする？
・自己投資にいくらかける？
・どんな投資をいくらする？

お子さんがいる方やほしい方は、さらにこのようなテーマを考える必要があります。

・子どもは何歳までに何人ほしい？
・どんな教育に、いくらかけてあげたい？
・子どもがやりたいことを、いくらまで応援したい？

次ページの図の下に「ライフプラン記入シート」をつけました。ぜひこれらのテーマを一度、考えてみることをオススメします。

さらに、ご家族（パートナーやご両親・お

子さんなど）がいる方は、自分だけで考えるのではなく、ご家族で話し合ってみてくださ い。お互いの考えを理解し、歩み寄っていく必要があるからです。

ご家族とは、定期的に話し合いをすることをオススメします。

変化の激しい時代ほど、自分の気持ちも相手の気持ちも揺れやすくなります。だから、話し合いがむずかしくなりがちです。

でも、そんなときこそ定期的に話し合わないと、お互いのミゾが知らないうちに大きくなってしまうかもしれません。

不安なときほど話し合いを増やす。それが、ご家族と仲よくいられるコツです。そして、ご家族との関係がいいとストレスが減り、お金も貯まりやすくなることが多いのです。

次ページで、ご家族と上手に話し合うコツを2つお伝えします。これは友人やビジネスパートナーとの話し合いでも役立ちます。

新しい時代の「お金」と「生き方」を考えてみよう

ライフプランを考えるときのオススメの質問例

- これからの仕事をどうする？ いくらの収入を想定する？
- どこに住む？ どんな家に住む？
- 家は買う、借りる？ いくらを想定する？ それをずっと続ける？
- 車は買う、借りる？ いくらを想定する？
- お小遣いはいくらにする？
- 自己投資にいくらかける？
- どんな投資をいくらする？　など

お子さんがいる方やほしい方向け	・子どもは何歳までに何人ほしい？ ・どんな教育に、いくらかけてあげたい？ ・子どもがやりたいことを、いくらまで応援したい？

無料！「ライフプラン記入シート」をプレゼント

たくさんの参考例を盛り込んだ**「みるみる書ける！ライフプラン記入シート」**をFacebookグループ内で無料でプレゼント中！ ぜひ活用してね！

https://facebook.com/groups/kanotoshi/

金リュウ先生オススメ！
家族で気持ちよく話し合う2つのコツ

1 普遍的な「正解」はないと知る

お金や生き方については、さまざまな考え方がある。
でも、人は自分の人生しか知らない。
一人で生きていく分にはそれでいいけれど、
家族やパートナーと一緒に生きていくためには、
自分が思う「正しさ」をいったん脇に置くことが大切。
相手にも「これが正しい」という価値観がある。
お互いが「正しさ」を振りかざしても、
話し合いはなかなかうまくいかないよ。

でも、相手に対して**「そんな考え方もあるんだ」と、**
違う考え方を教えてくれる「先生」のようなつもりで耳を傾けると、
話し合いはスムーズにいき始めるよ。
「そうだね」と同意する必要はないんだ。
でも、少なくとも**「そんな考えもあるんだね」と、**
相手の考えを理解することが大切だよ。

正しさを押し付け合わず
「お互いに歩み寄る」ことが
とても大切

2 「お互いに」歩み寄る

家族での話し合いにおいて、**自分の気持ちを引っ込めて、**
相手に合わせてしまう方がいる。
そういう方は注意が必要だよ。
気持ちを出さないことで、話し合いはまとまったように見える。
でも「自分の気持ちを聞いてもらえていない」「自分が折れている」という体験は、
しこりとしてずっと残りやすい。
そして、このような人は、日常の小さなことでも同じように、気持ちを引っ込めがち。
そのたびに「自分のことを聞いてもらえていない」
「自分がガマンしている」という気持ちが募る。
これが離婚の原因になるときがあるんだ。

逆に、仕事で成果を出している方は
ビジネスで**「自分の考えをはっきり伝える」**
「説得する」というトレーニングを受けていて、
習慣になっていることがある。
この習慣も、仕事で成果は出せたとしても、
家族との関係ではマイナスに働くことがあるんだ。

つまり、**「お互いに」歩み寄らないといけない**んだ。
気持ちをガマンしてもいけないし、
自分の考えを説得してもいけない。
「2人で一緒に正解をつくる」スタンスが、
家族の関係をよくするためにとても大切なんだよ。

自分だけガマンするのも、
自分の考えを説得するのもNG。
2人で一緒に正解をつくろう

貯める⑩

生活費の1～3年分や、10年以内に使うお金は「貯金」で十分

私がお金の相談に乗りはじめて、驚いたことがあります。それは、**お金がニガテな方や貯金が少ない方ほど、リスクの高い投資で一攫千金を狙ってしまう**のです。

たとえば「仮想通貨で大儲けした！」のような話に、ついつい惹かれてしまいます。そして「自分も増やしたい！」と、危ない投資話に手を出しがちです。

もしくは、おいしい話に見えるけど、じつは大して増えない金融商品を買わされやすくなります。

信頼している人からの紹介のときも注意が必要です。その人も騙されているかもしれないのです。残念ながら、そういう方ばかりを狙う悪い人もいます。

金融庁もホームページなどで注意喚起をしています。くれぐれもご注意ください。

貯め方の話に戻りましょう。

まず、**生活費の1～3年分までは、本章で紹介した天引きでの貯金で十分**です。

たとえば、生活費が月々20万円の方は240万円までは貯金で貯めていきましょう。お金がニガテな方は、3年分の生活費720万円まで貯まってから、5章の「増える」方法に移っても遅くはありません。

また教育費など、10年以内に使う予定のお金があれば、それらも貯金で貯めておけば問題ありません。10～20年先に使う予定のもの

は、貯金でいくか運用でいくかは迷うところです。それについては5章を参考にして、ぜひ考えてみてください。

老後資金など、20年以上先に使う予定のお金は、投資で積み立てていきましょう。これも5章でくわしく紹介します。

ここで貯金での注意点がひとつあります。

ひとつの銀行に置いておくのは1000万円までにすることです。

銀行には「預金保険制度」という、預金者を守る制度があります。

万が一、金融機関が破綻しても、ひとり当たり元本1000万円までが保護されます。

ただし、**1000万円以上は守られません。**

そこで、もしもそれ以上の額になった場合は、2つめの銀行に預けておくことを検討しましょう。

危ない投資に走らずに、まずは確実に貯めよう

生活費の1〜3年分までは天引き貯金で十分	10年以内に使う予定のお金も天引き貯金で十分

まずは「貯めるしくみ」をつくろう。
危ない投資に手を出さないように
くれぐれも注意しよう

4章のポイント

- 意志ややる気に頼らず、
  自動的にお金が貯まる「しくみ」をつくろう。

- 自分に合った天引き貯金をしよう。

- 手取りの20%を天引きで貯めて、
  残りでやりくりしよう。

第5章

お金がニガテでも安全に増やせるプロにも負けない「お金の増やし方」

増やす①

「何のために」お金を増やすのか、目的を先に考えてみよう

5章では、お金がニガテな方でもできる「お金の増やし方」を紹介します。

具体的な話に入る前に、あなたにぜひ考えていただきたいことがあります。

それは、**そもそも「何のためにお金を増やすのか?」です。**この目的によって、お金の増やし方は変わります。ぜひ一度、読む手を止めて、考えてみてください。

あなたが考えるための参考に、私が考える「お金を増やす目的」も書いておきます。

◆筆者が考えている投資の目的

「老後に安心して暮らせるお金」と「ピンチに備えるお金」の2つを同時につくるため

平均寿命が延びて「人生100年時代」と言われるようになりました。人生がもし100年であれば、老後はいままで通り65歳以降の話ではなく、80歳、90歳からといえます。多くの方にとってかなり先の話なので、まだ真剣に準備をしていない方が多いでしょう。

投資は「長い時間をかけると安全に増える」という面があります。だからこそ、老後に向けたお金づくりは、ただ貯めるのではなく投資で増やすことが必要です。

金融庁も、2016年あたりから「貯蓄から資産形成へ」というメッセージを強く打ち出し始めました(「金融レポート」など)。

ただし、5年後、10年後に老後が迫っている方、住宅費や教育費などを確実に貯めたい方は、貯金で貯めることをオススメします（4章を参照）。

「老後のお金」の最初の目標は「生活費の10年分」だと私は考えています。

たとえば生活費が月に20万円なら、20万円×12か月×10年＝2400万円です。

金額の大きさに驚くかもしれませんが、長期の投資は、安全に「数倍」に増やせるので、全額を貯める必要はありません（上手な増やし方は「増やす⑤〜⑨」で具体的に解説します）。

「人生100年時代」は、一生働くことが当たり前になっていくと考えられます。

少子高齢化で、老後の公的な年金が何歳からいくら受け取れるかはわかりません。

しかし、ずっと健康で働けるともかぎりません。平均寿命から健康寿命（健康的に生活できる期間）を引くと、男性は約9歳、女性は約12歳もあるのです。

「亡くなってはいないけど、健康でもない期間」が、平均でこれだけあります。

この期間のお金は、準備しておかないと大変なことになりかねません。自分で準備するか、老後に頼れる人（家族や友人）をつくっておくことをオススメします。

さらに言うと、国の医療保険の制度や介護保険の制度も維持されるかはわかりません。**できれば、医療費や介護にかかるお金も準備しておきたい**ところです。

老後に向けて、お金を長期で安全に運用する。それをスタートすると、その手前でお金のピンチが来たときにも、そのお金を緊急で使うことができます。さまざまなピンチに対して備える必要があることは、1章でくわしくお伝えしました。

投資をスタートして「老後」と「ピンチのとき」の両方のお金をつくり始めると、安心感を手に入れることができるのです。

「老後に安心して暮らせるお金」と「ピンチに使えるお金」の2つを一緒につくろう

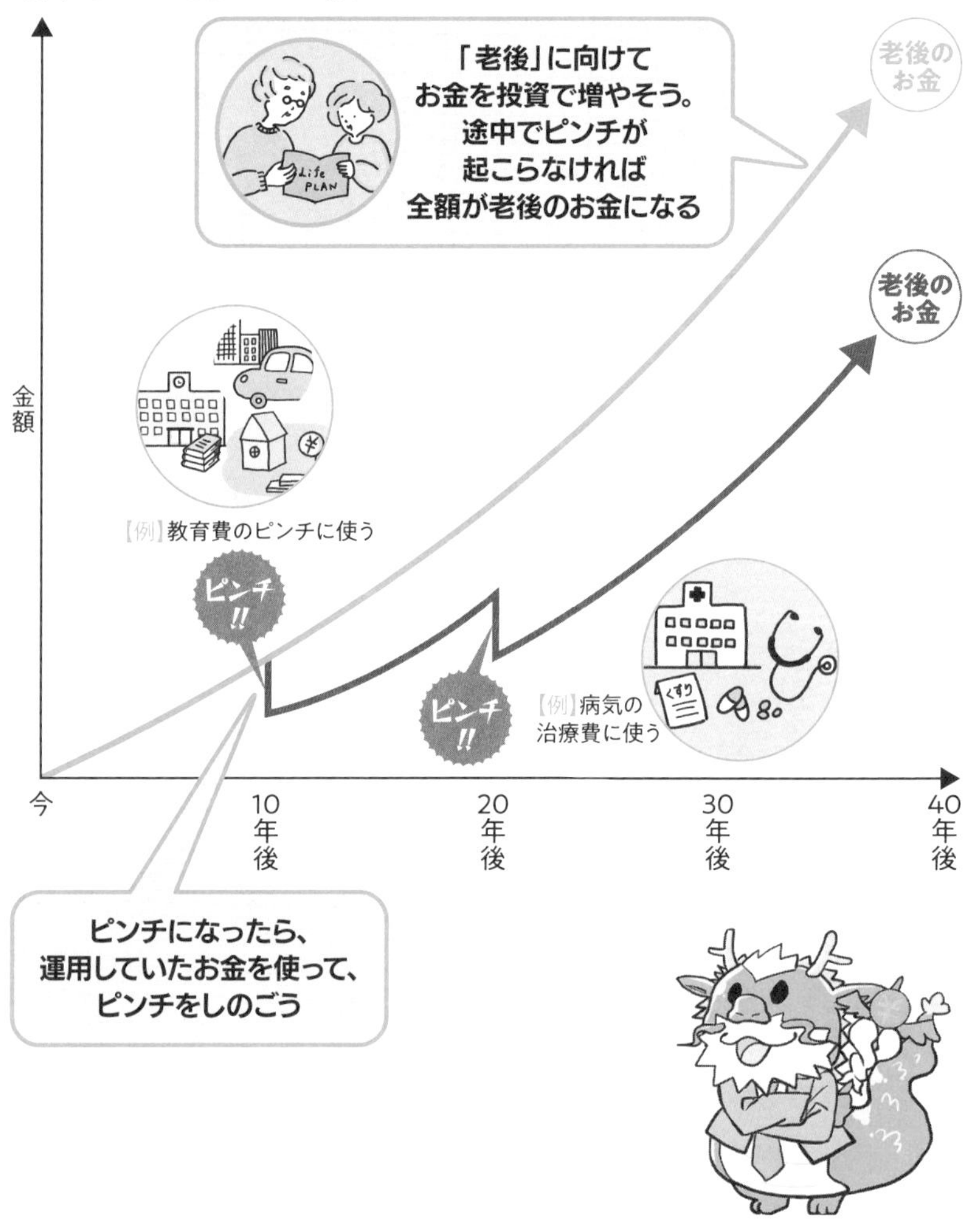

増やす②

情報を「鵜呑(うの)みにしない」ようにしよう

「お金を増やす」とは、いわゆる「投資」「資産運用」と言われるものです。

カンタンに言うと「**値段が上がることを期待して、いろいろなものを買うこと**」です。

そして、期待どおりに値段が上がれば、それを売ったときにお金が増えます。

もし売らなかったとしても「今、お金が増えているぞ」という喜びと安心を得ることができます。

お金の増やし方の具体的な説明に入る前に、どうしても先にお伝えしたい「大切な心構え」を、もうひとつだけお伝えします。

それは、情報を鵜呑みにしないことです。

つまり、さまざまに流れる情報を安易に信じない、冷静に見てみるということ。それが、プロにも負けない投資のスタートになります。

投資の世界はとても奥深いです。

機関投資家（銀行など、プロとして巨額の投資をしている組織）**でも、「これが上がる、下がる」という予測は半分しか当たらない**と言われています。

今や、最先端のＡＩ（人工知能）を使った、機関投資家たちの分析合戦がおこなわれています。さらに、機関投資家は巨額のお金を動かすので、値段の上がり下がりにも影響を与えることができます。

そんな機関投資家でさえも、たとえばある年に資産を大きく増やして注目されたと思ったら、翌年には大損する、などということがよくあります。

とくに、経済が混乱するときは、さまざまな値段が激しく上がり下がりします。

AIを駆使するプロの投資家でも、お金を増やし続けるのはむずかしいのです。新型コロナウイルスの影響で変化が激しくなり、この傾向はますます強まるでしょう。

さらには、一般の人が見ることができるメディア（テレビ・新聞・雑誌・インターネット・セミナーなど）は、**情報が意図的にコントロールされることが多い**です。

いろいろな人がさまざまな思惑で情報を発信します。それを見て「これからきっとこうなるはず」と予想して投資しても、まずうまくいきません。

過去にうまくいったことがある方は、それは「たまたまだった」と思ったほうがいいでしょう。

また、信頼する先輩や師匠のような方から**「投資のいい話」が回ってきたとしても、その話をいったん冷静になって調べてみることも大切です。**

その方は好意で紹介しているとしても、その方も騙されている可能性があるからです。このような被害がとても多いので、くれぐれも注意してください。

これらの事実を知り、情報を鵜呑みにしないことが、心構えとして大切なのです。

メディアや人からの情報を鵜呑みにしないことが大切

お金がニガテな人がとくに知っておきたい、投資の心構え

「〇〇はこれから上がる」などと予想しない 	・機関投資家などのプロでも「これが上がる、下がる」という予測は半分しか当たらないから ・メディアは、情報が意図的に操作されることが多いから
情報を鵜呑みにしない 	・発信されるさまざまな情報を、安易に信じることをまずはやめてみる ・信頼する先輩や師匠から「いい話」が回ってきたとしても、冷静に調べてみる

投資をスタートする前に
大切な心構えをまず押さえよう！

投資先を「ヒト」「モノ」「カネ」に分けて増やそう

では、結局、どうやったらお金が増やせるのでしょうか？　そのためには、

「世の中がどう変化しても大丈夫なように備えておく」

ことです。

つまり、自分のお金を、貯金などでひとつにせず、いろいろなものに「分ける」のです。

そのやり方が、この本で最初からオススメしている「お金のセパレート・メソッド」です。

投資先を分けることで自分のお金を守り、かつ増やすこともできるのです（むずかしい表現を使うと「分散投資」と言います）。

ここからは、その具体的な「分け方」をお伝えします。

まず、投資の「分け先」は大きく分類すると3つあります。

「ヒト」「モノ」「カネ」です。

これは経営学の分け方ですが、それを投資に応用しています。

この3つに、手取りの20％をバランスよく分けていきます（4章「貯める③」参照）。

それぞれの内容と、どれくらいのお金を入れるといいかについては、P161の図にまとめました。

では、3つの投資先について、具体的に説明していきます。

◆「ヒト」への投資
「自分」と「他者」に投資しよう

「人」にお金を上手に使うと、増えて返ってきます。

これも立派な「投資」です。

自分への投資は、いわゆる「自己投資」です。とくに、世の中が混乱する時代は、「心を強くする」「健康を目指す」「稼ぐ力を高める」ことにお金と時間を投資することが大切になります（「増やす④」で特集）。

一方、他者への投資は、人とのつながり（人脈）に投資をすることです。

とくに世の中が不安定なときは、「心の支えになってくれる人」「経済的な支えになってくれる人」「高め合え、支え合える人」とつながることが重要になります。そういう人とのつき合いをより大切にするといいかもしれません。

他者への投資は、お金を使わなくてもできます。お金がない方は、時間と労力をその人のために積極的に使ってみてください。

たとえば、マメに連絡してみる、その人が喜びそうな情報を調べて教えてあげる、などです。その人のことを想って、役立てそうなことをしてみましょう。

◆「モノ」への投資
実物に投資しよう

「実物」というとむずかしそうですが、金や銀、不動産など、「そのものに価値がある」と評価されているモノへの投資です。

お金がニガテな方にオススメなのは、貯金の一部を金にしておくこと（1章「備える②③」参照）、食料を備蓄しておくこと（1章「備える⑤」参照）です。

不動産への投資はむずかしいので、お金がニガテな方にはオススメしません。

どうしても不動産を持ちたい方は、まずは「貸しやすく売りやすいマイホーム」を持つことをオススメします（3章「使う⑦」参照）。

◆「カネ」への投資

株や投資信託など、いわゆる「金融投資」をしよう

これは「投資」「資産運用」と聞いて、多くの人が最初にイメージするものだと思います。

株、債券、投資信託、生命保険などがあります。お金がニガテな方はこの単語を見ただけで、抵抗感があるかもしれません。

でも、じつはカンタンにお金を増やすことができるのです。

お金がニガテな方には「タンス預金」（1章「備える④」参照）、「銀行などでの預金・貯金」（4章「貯める②」参照）、「つみたてＮＩＳＡ」「変額保険」（5章「増やす⑦〜⑨」参照）をオススメします。

「お金のセパレート・メソッド」で手取りの20%を「分けて」投資しよう

金リュウ先生オススメのお金の分け方

対象	ヒト	モノ	カネ
例	●**自分** 「心(メンタル)を強くする」 「健康を目指す」 「稼ぐ力を高める」 ことに投資 (2章) **財産の1~3割** ●**他者(人脈)** 「心の支えになってくれる人」「経済的な支えになってくれる人」「高め合え、支え合える人」に投資 (5章④) **財産の1割**	●**金** まず10分の1ウォンス金貨、次に1ウォンス金貨、その次に地金(じがね) (1章②③) **財産の1割** ●**食料** 少なくとも1~2週間分。 専門家によっては 数か月~半年分(1章⑤) (不動産:貸したり売ったりできるマイホーム) (3章③~⑦)	●**タンス預金** 最低でも **生活費の** **1か月分** (1章④) ●**貯金** **生活費の1~3年分** (4章) ●**投資信託** **とくに、つみたてNISA(ニーサ)** (5章⑤⑦) **財産の1~2割** ●**生命保険** **とくに、変額保険** (1章⑨⑩、5章⑧⑨) **財産の1~2割**
推奨バランス	**2割** 自己投資が好きな方は「稼ぐ力を高める」ことの比重を2割~3割に上げても構わないよ。 他者への投資は1割を目安にしてね。	**4割** 財産が少ない方は、ここは1~2割で構わないよ。 マイホームを持っている方は、ここの比重が4割以上になっても問題ないよ。	**4割** 財産が少ないうちは、タンス預金と貯金で十分。お金に余裕が出てきたら、投資信託と生命保険で少しずつ積み立てて比重を上げていこう。

「ヒト」「モノ」「カネ」にバランスよく分けていこう

「稼ぐ力を高めること」と「支えになってくれる人」に投資しよう

「人生100年時代」は、働き続ける、稼ぎ続けることが当たり前の時代になりそうです。

定年退職が80歳、90歳と延びるか、はたまた「定年」という考え方自体がなくなるかもしれません。

60代・70代・80代になっても稼ぎ続ける。そのつもりで長く続けられそうな仕事やビジネスを今から見つけておく。それが、これからの時代に大事になると思います。

「お金のセパレート・メソッド」でいろいろなものに分けて投資するためにも、その原資となる収入をつくる力は、とても大切になります。

そのための「ヒト」への投資、つまり「自己投資」と「他者への投資」を今からしていくことをオススメします。

稼ぐ力を高めるために「自己投資」を

お勤めの方には定年があります。残りの人生はまだまだ長いかもしれないのに、強制的に仕事を辞めさせられるかもしれません。雇用が延長されても、ほとんどの方の給料は大きく下がります。

そこで、お勤めの方は、ビジネスを今のうちに勉強して、副業を考えてみることが必要です。

副業で今すぐ稼ぐ必要はありません。人生の先まで見すえて、長く働けそうなビジネスをじっくり考え始める。それが大切です。

自営業や経営者の方も「今のビジネスが一生できるだろうか」と、あらためて考えてみてください。そして、もし一生することに迷いを感じるなら、今から少しずつ一生できるビジネスに近づけていきましょう（2章参照）。

また、長く稼ぎ続けるためには、心と体の健康も欠かせません。

「健康がすべてではないが、健康を失うとすべてを失う」という言葉があります。私が心にとめている格言です。

「自己投資」でも「他者への投資」でもオススメしたいのが「コーチング」と「心理学」です。これらの知識とスキルを勉強したことで、私自身、人間関係がとてもよくなり、心と体の健康も保ちやすくなりました。

これらへの気軽な投資としては、まずは読書をオススメします。1000円ちょっとで体系的に学べるからです。

気に入った著者がいたら、YouTubeやウェブサイトなどを探して、著者からさらに深く学んでみてください。

また、食や栄養の勉強も、心と体の健康に直結するので、オススメです。

「他者への投資」も心がけよう

次に「他者への投資」です。**自分で稼ぐだけでなく「経済的な支えになってくれる人」を見つけて、その人とよい人間関係をつくる。**これも重要です。ご両親・お子さん・配偶者・親友などが候補として考えられます。

この方たちとよい人間関係を築くために、時間やお金を投資してみましょう。

「自己投資」と「他者への投資」で稼ぐ力を高めよう

金リュウ先生オススメ！「ヒトへの投資」

オススメの「自己投資」 自分の知識やスキルを高めて、 より稼げるようになろう	オススメの「他者への投資」 「経済的な支えになってくれる人」を 見つけて、その人とよい人間関係をつくる
ビジネスの勉強（2章）	**コーチングの勉強**
コーチングの勉強	**心理学の勉強**
心理学の勉強	**大切な人のために、時間やお金を使う**
食や栄養の勉強	

金リュウ先生オススメ！
「コーチング」と「心理学」のわかりやすい本

コーチング	心理学
石川 尚子著 『やってみよう！コーチング』 （ほんの森出版）	根本 裕幸著 『敏感すぎるあなたが7日間で 自己肯定感をあげる方法』（あさ出版）
マツダ ミヒロ著 『質問は人生を変える』（きずな出版）	本田 健著 『ユダヤ人大富豪の教えIII～人間関係を 築く8つのレッスン』（大和書房）

「自己投資」と「他者への投資」を
バランスよくやってみよう

増やす⑤

「投資信託」で、世界中の株と債券に分散しよう

ここからは、「カネへの投資（金融投資）」をご紹介します。

5章でお話しするポイントを先にお話しすると、次の4つになります。

（1）投資先には「ヒト」「モノ」「カネ」がある。「ヒト」「モノ」にも分けよう
（2）「カネ」への投資は「世界中のいろいろな企業の株と債券を買っている投資信託」を買おう
（3）「毎月」「同じ金額」で、長い期間かけて買い続けよう
（4）具体的には「つみたてNISA」と「変額保険の終身タイプ」で買おう

（1）はここまででお伝えしたので、この項目では（2）をお伝えします。

「投資信託＝損をさせられる」と思う方もいるかもしれません。でも、投資信託という商品自体は素晴らしいものがたくさんあります。むずかしく感じる方も多いのですが、じつはカンタンな商品なのです。投資信託とは、

- **「投資」を「信」じて「託」す、と書く。カタカナでは「ファンド」**
- **託す先は、投資のプロ（「ファンドマネージャー」と言います）**
- **その投資のプロが、いろいろな金融の商品を「ひとまとめにしたパック」**

料理でいうと「鍋の料理」のようなものです。魚に野菜、豆腐など、いろいろなものがまとめて入っています。ほかにも「福袋」や「缶詰」にたとえる人もいます。

投資信託に入っているものは、株や債券、不動産や金など、いろいろなものがあります。つまり、いろいろなものを分散して買うことができるわけです。まさに「お金のセパレート・メソッド」にピッタリの商品です。

「世界中のいろいろな企業の株と債券を買っている投資信託」を買おう

この理由は、世界の経済と一緒に自分のお金を増やすことができるからです。

金融庁も、2016年の「金融レポート」あたりから、「グローバルな分散投資をおこなうことにより、世界経済の成長の果実を得ることもできる」と言っています。

このやり方で20年以上の長い期間の投資をすると、過去すべて「年率2〜8%」で増えたというデータを金融庁が出して、奨励しているのです（次ページ下の図参照）。

このように「世界全体」に分散して買うことで、メディアの情報もいらず、未来予想もせずに投資ができるのです。

このやり方は、お金がニガテな人でもカンタンです。**世界中の株と債券が入っている投資信託を買い、長く持っていればいいだけ**だからです。これだけで、年率で平均4%前後も増えるのです。

「複利」のむずかしい話は省きますが、**年利4%で20年持っていると、平均で2倍以上になる（100万円分を買ったら、200万円以上になる）計算**になります。

長く持てば安全に増えやすいので、老後など将来への投資にピッタリです。どの金融機関で何を買えばいいかについては、このあとで具体的にお伝えします。

世界に分散した投資信託を20年以上持つと ほぼ確実にお金が増える

投資信託のメリットとデメリット

メリット 	①月々1000円（商品によっては100円）から投資できるので、**気軽にスタートできる** ②プロに運用を任せられるので、**運用がラクでカンタン** ③ひとつの投資信託を買うだけで、**いろいろな商品に分けて投資ができる**（「お金のセパレート・メソッド」にピッタリ！）
デメリット 	①手数料がかかる ②解約のときに戻るお金が、支払った額より減る可能性がある ※ただし、金融庁も出しているように、 20年以上の世界分散投資で減ったことは、 過去にはない（下のグラフを参照）

世界分散の投資信託を20年持つと年率2〜8％の収益に安定する！

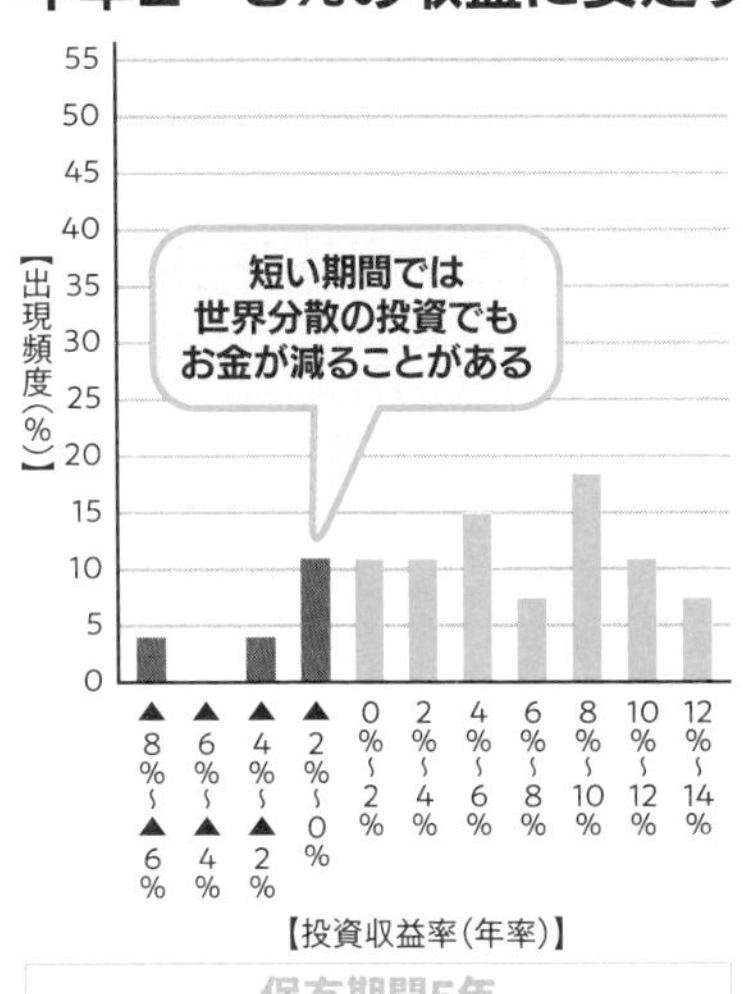

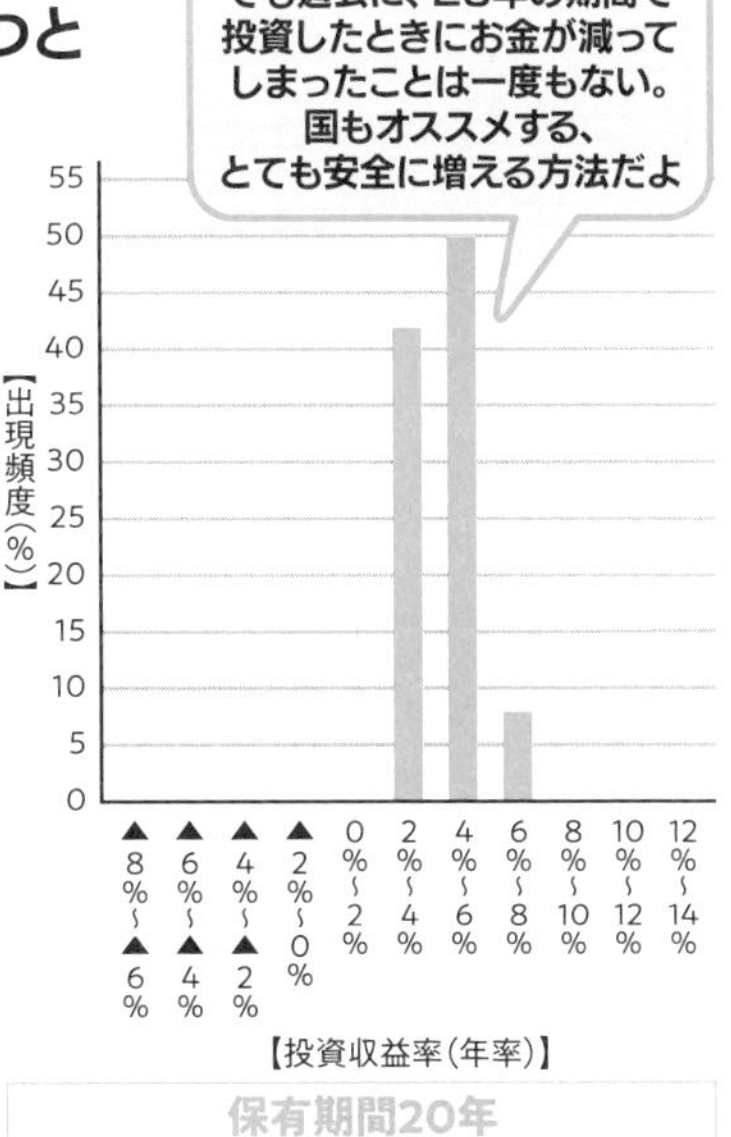

※1985年以降の各年に、毎月同額ずつ国内外の株式・債券の買付けをおこなったもの。
各年の買付け後、保有期間が経過した時点での時価をもとに運用結果及び年率を算出している。
※2016年の「金融レポート」（金融庁）より

金リュウ先生オススメ！
お金がニガテでも「投資信託」なら増やせる

投資信託ってなに？

運用の専門家（ファンドマネージャー）が、 投資家からお金を少しずつ集めて、そのまとまったお金で、 株や債券などいろいろな種類のものをまとめて買って運用する商品

投資信託に入っている、大事な2つだけ押さえておこう

株	・企業の共同の経営権＝ **株主総会の多数決の1票**を買うこと ・その企業の人気が上がると、株の値段は上がる。 人気が下がると、株の値段も下がる ・その企業がもうけを出すと、**分け前（配当）がもらえる**。 もうけが出ないと、分け前もない ・**一般的には「ハイリスク・ハイリターン」** （大きく減るかもしれないけど、大きく増えるかもしれない） ・投資信託では、日本の企業の株ばかり買う**「日本株式」**、 世界中の企業の株ばかりを買う**「世界株式」**、 先進国の企業の株ばかりを買う**「先進国株式」**など、 いろいろなパックがある ・1年間の増え方は、**3〜7%**が多い

債券	・**国や企業にお金を貸すこと**。国や企業にとっては借金 ・ある期間、お金を貸してあげていると、 貸したお金が返ってきて、**お礼(利子)がもらえる**。 その国や企業が倒産しないかぎり、 貸したお金と金利はもらえる ・**一般的には「ローリスク・ローリターン」** (大きく減らないけど、大きく増えることもない) ・投資信託では、日本の企業の債券や 国債を買う**「日本債券」**、 世界中の企業の債券や国債を買う**「世界債券」**など、 いろいろなパックがある ・1年間の増え方は、**0.1~3%**が多い

※増え方のパーセントは各種統計データより独自に算出。成果を保証するものではありません。

投資信託に入っているものは、
ほかにもいろいろあるけど、
まずはこの2つを
知っておけば大丈夫

増やす⑥

投資信託を「毎月」買っていこう

前項で「世界中のいろいろな企業の株と債券を買っている投資信託」を買えば、メディアの情報もいらず、未来予想もいらないという話をしました。

この項目では、情報集めも未来の予想もいらない、もうひとつの投資の方法を紹介するために、前項で書いたポイントの３つめの話をくわしく紹介します。

「毎月」「同じ金額」で、長い期間かけて買い続けよう

このやり方は、むずかしく言うと「ドルコスト平均法」と言います。

カンタンに言うと、1回でドーンと全額を買わずに「毎回（多くは毎月）」「同じ金額」を買っていくという投資方法です。

買うタイミングを１回にせず、長い期間に「分ける」という意味で、これも「お金のセパレート・メソッド」です。

たとえば、毎月１０００円ずつ、１万円ずつというように、淡々とずっと買っていきます。「買う金額を減らそう」「増やそう」などと考えなくて大丈夫です。積み立て投資は何も考えずにできるので、情報集めも未来の予想もいりません。

「今が買いどき？」と迷う必要もありません。毎月、決まった金額をただ買えばいいからです。**「いつ買えばいいか？」という迷いから**

も解放してくれる点でも、お金がニガテな方にピッタリのやり方です。

これは1章「備える②③」で紹介した金の買い方にも使えます。

では、なぜ「毎月」「同じ金額」を買うの

がいいのでしょうか?

「毎月」「同じ金額」を買い続けると、値段が安いときは、同じ金額で「たくさん」買うことができるからです（あるものの値段が100円のとき、1万円で100個しか買えません。でも値段が50円になると、同じ1万円で200個も買える、という理屈です）。

つまり、毎月同じ金額で買っていると、たとえばリーマンショックやコロナショックのような株の大暴落などのときは、安くなったものを「バーゲンセール」でたくさん買うことができるのです。

そして、値段が高いときは少ししか買わないことになります。

それによって、全体としては、平均より安く買うことができるのです。しかも、何も考えずに毎月買っているだけで、自動的にそうなってしまうのです。

安いときは「バーゲンセール」、高いときは「売ったら増える」と思える。だから気軽に続けられる。

これがドルコスト平均法の最大の魅力だと感じているところです。

次項から、具体的に「世界の分散」と「ドルコスト平均法」を使って「つみたてNISA」と「変額保険の終身タイプ」を買っていく方法をお伝えします。

「毎月」「同じ金額」を買っていくだけで自動的に「平均より安く」買えてしまう

ドルコスト平均法の例：りんごを毎回1万円ずつ買う

	1回目	2回目	3回目	4回目	合計
値段	100円	50円	200円	100円	
購入金額	1万円	1万円	1万円	1万円	4万円
買えた数	100個	200個	50個	100個	450個

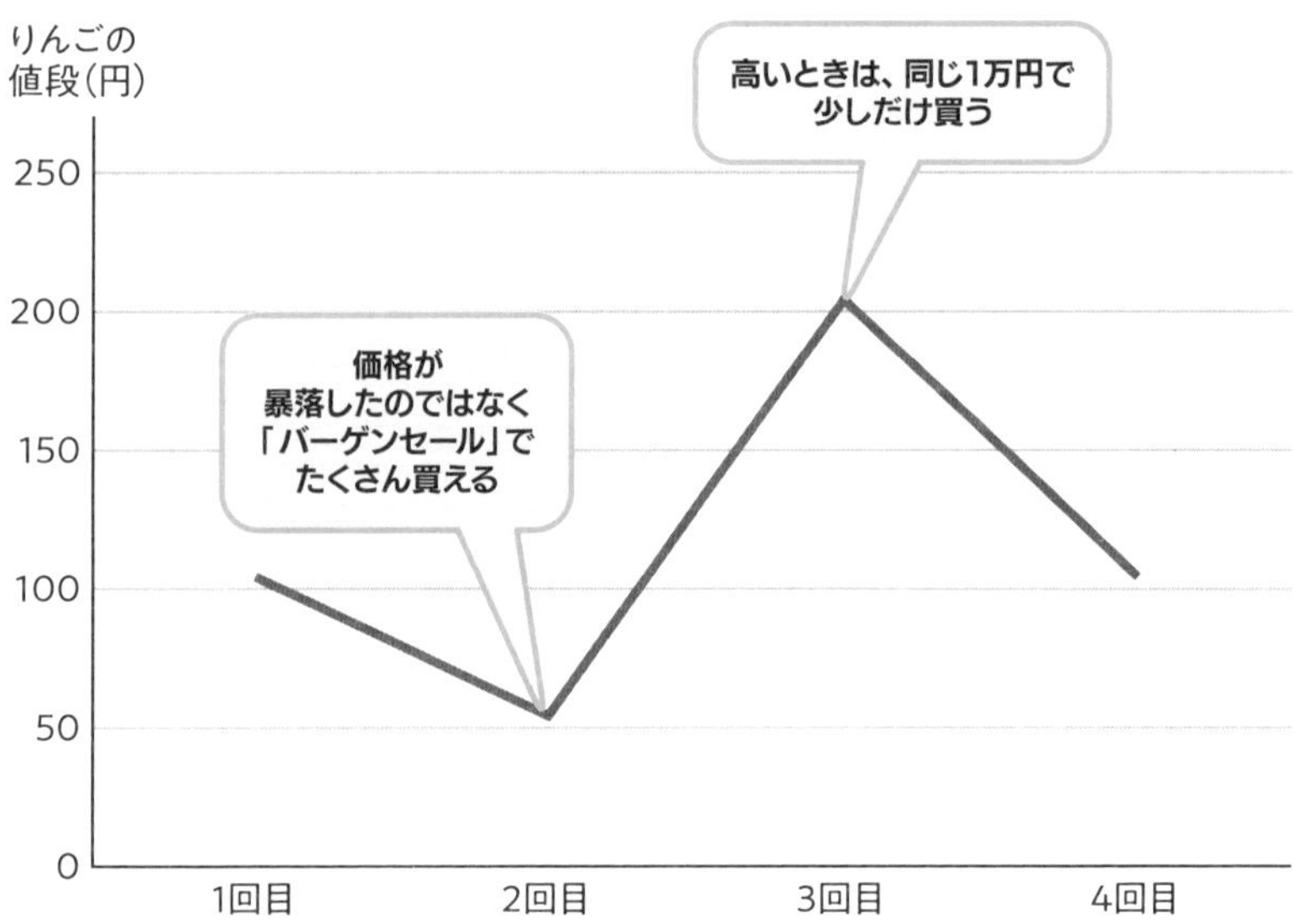

この4回のりんごの値段の平均は112.5円。
でも「自動的に」安いときにたくさん買って、
高いときには少ししか買わないことができる。
だから、実際に買ったりんごの金額は88.9円に。
自動的に、平均より安く買えてしまうんだ

金リュウ先生オススメ！「ドルコスト平均法」ならお金がニガテでも増やせる

「ドルコスト平均法」ってなに？

「Dollar-Cost Averaging」の訳
毎回（多くは「毎月」）、「同じ金額」を買い続ける、投資のやり方

ドルで投資するの？と誤解する人もいるけど、
それは違うよ。この「ドル」には「お金」
「一定の金額」という意味もあるので
「投資するお金を平均的にする」という意味なんだ。

「ドルコスト平均法」のメリットとデメリットは？

メリット	・毎回（多くは毎月）同じ金額を買うだけなので**カンタン**。お金がニガテな方でもできる ・「いつ買えばいいか？」と、**買うタイミングを考えなくていい** ・**価格が安いときに自動的にたくさん買える**ので、結果として**平均より安く買う**ことがしやすい
デメリット 	・価格が下がり続けると、自分のお金も減り続ける ・買っていたものが破綻してしまったら、自分のお金もゼロになる（これは他の投資商品でも同じ）
⇒このデメリットを解決する方法	**・右肩上がりを期待できる「世界の経済」全体に投資する**（価格が右肩下がりになりにくい） **・「投資信託」を使って、いろいろなものに分散して投資する**（全部が破綻してしまうことは考えにくい） **だから、お金がニガテな人でも、安全に運用できる**

増やす⑦

投資信託は「つみたてNISA（ニーサ）」でスタートしよう

この項目からは、「増やす⑤」で書いたポイント4つめをくわしくお伝えします。

具体的には「つみたてNISA」と「変額保険の終身タイプ」で買おう

「つみたてNISA」は、投資でかかる税金を0円にできる制度です。

株や投資信託で投資すると、売って増えたときなどに本来は約20％の税金がかかります。100万円が増えたとすると税金は約20万円です。それが0円になるのです。

税金がかからないのは「年間40万円までの購入」で「購入から20年」、最大800万円（年間40万円×20年）です。

夫婦の場合は、それぞれが40万円×20年です。このため**月々約3万3000円までの最初の投資は「つみたてNISA」をオススメしています。**

つみたてNISAは、金融機関でNISA口座をつくり、その口座で投資信託を買います。主要な金融機関ほぼすべてで口座をつくれます。自分で調べて口座を開設する自信がある方は、インターネット証券がオススメです。ラインナップが豊富で、電話での相談にも対応してもらえます。

ただ、お金がニガテな方には、ご自身のメインバンクでNISA口座をつくることをオススメしています。窓口で直接、相談できるのでスタートでつまずきにくいからです。誤解している方がいるのですが、手数料は一般の金融機関でもネット証券でも同じです。

まずはメインバンクのカスタマーセンターに電話して、必要な書類や注意点などを聞いてみましょう。必要な書類をそろえたら、あとはHPか窓口から、口座開設と投資信託の購入をします。

窓口に行くときは「世界中のいろいろな企業の株と債券を買っている投資信託をやりたいです」と伝えてください。区分でいうと「複数指数（バランス型）」で株と債券などが入っているもの、「海外型」が世界中のものです。この2つに当てはまるものを選びましょう。

ここまで絞れたら、こまかいところはお好みで構いません。窓口の担当者と相談して、買う投資信託を決めてください。

もし自分で決めるのがむずかしかったら、「株50％、債券50％」の割合のもので始めてください。商品名には「バランス」「標準」「均等」などと入っていることが多いです。

つみたてNISA（ニーサ）は投資デビューにピッタリ

具体的なメリット・デメリット、
買い方は次のページで紹介するよ！

NISAってなに？	**愛称は「ニーサ」。投資の税金がかからない制度。** **Nippon Individual Savings Account**（ニッポン インディヴィジュアル セイビング アカウント）の略。 一般の「NISA」と「つみたてNISA」「ジュニアNISA」がある。
つみたてNISAってなに？	**少ない金額でできる、長期的な積立投資を促進するための、投資の税金がかからない制度** ・購入できる金額は年間40万円まで（ご夫婦の場合はそれぞれ40万円まで） ・税金がかからない期間は、買ったときから20年間 ※20年経つと、一般の口座に移される。税金は、移された後に増えた分だけかかる。銀行口座などに移せば、税金はほとんどかからない。 **・選べる投資信託は、金融庁の厳しい基準をクリアした、コストが安いものだけ** ※今のところ2042年までの制度。投資信託を買えるのは2042年まで。2042年に買ったものまで、20年間（2061年まで）税金がかからず持っておける。

金リュウ先生オススメ！「つみたてNISA（ニーサ）」は投資デビューにピッタリ

「つみたてNISA」のメリットとデメリット

メリット 	・投資に本来かかる**税金がかからない** ・月々1000円（会社によっては100円）という**少ない金額**からできる **・手数料が安い**。金融庁の厳しい基準をクリアした、コストが安い投資信託が厳選されている **・途中で変更しやすい**（積み立ての途中で、買う投資信託を変えることもできる。積み立てを止めることも金額を減らすことも増やすこともできる） ・現金が必要になったら、解約して**現金にすることもできる** ・ドルコスト平均法で、**価格が安いときにたくさん買える** ・長い期間をかけて投資ができるので、**安全に安定的に増やしやすい** ・海外型を選べば**「世界経済の成長の果実を得られる」**
デメリット 	・解約のタイミングによっては、解約して戻るお金が積み立てた金額よりも減る可能性がある（これはどんな投資にも言えること） ※ただし、金融庁も出しているように、20年以上の世界分散投資で減ったことは、過去にはない ・一度売ってしまうと、つみたてNISAの口座に戻せない ・NISA口座は、ひとつの金融機関でしかつくれない。つくったあとに他のところに変えられない ・一般のNISAとつみたてNISAは、どちらかしか選べない（1年ごとに変えることはできる） ・年40万円の非課税の枠を使わなかったときに、翌年以降に持っていけない

<table>
<tr><td>オススメの
投資信託は?
</td><td>「世界中のいろいろな企業の株と債券を買っている投資信託」
・区分は「複数指数(バランス型)」で「海外型」のもの
・割合に迷ったら「株50%、債券50%」がオススメ</td></tr>
<tr><td>オススメの
買い方は?</td><td>・お金がニガテな方は、ご自身のメインバンクでNISA口座をつくり、窓口で担当者に聞きながら買おう

※諸々の手数料も、ネット証券と変わらない。ただし窓口のときは、じつは手数料が高い他の商品の売り込みに注意しよう

※お金が得意な方、自分で調べるのが得意な方は、インターネット証券もオススメ! 電話相談もできるよ</td></tr>
</table>

少ない金額からでいいので
まずは小さくスタートしてみよう

大不況に強い「投資の裏ワザ」は変額保険

前項では金融庁が奨励する「つみたてNISA」を紹介しました。ただ、お金がニガテな方には、なかなか投資に踏み出せない方がいます。「投資は、払った額より減るかもしれない。それが怖い」と思う方や、何も考えられなくなってしまう方もいます。

そういう方にオススメなのが、積み立て機能がある保険（養老保険・終身保険）です（1章「備える⑩」参照）。

老後に向けた積み立て投資も兼ねて加入するなら、とくに「変額保険の終身タイプ」がオススメです。

「変額保険」は、積み立てていくお金を、投資信託のように運用できる生命保険です。株や債券などで運用します。

解約したときに戻ってくるお金（解約返戻金）は運用によって増えたり減ったりします。ただし、**保険金は運用が悪くても最低の保証がある、そのような生命保険**です。

投資がうまくいったら、解約したときに戻るお金が増えます。

「増やす⑤」でお伝えしたとおり、20年スパンの長い期間をかけた分散投資は、年率2～8％で増えています。変額保険も、長く続ければ増える可能性が高くなります。

そして、変額保険は投資と保険を兼ねているので、積み立ての貯金や他の投資よりも続けやすいのです。

でも、時期によっては株や債券の値段が下

がり、**解約したら戻るお金が減るかもしれません。そのようなときは「これは投資ではなく、生命保険。保障を買っているんだ」と思えばいい**のです。

さらに、そのタイミングはドルコスト平均法（「増やす⑥」参照）で言うと、安くたくさん買えるバーゲンセールの時期です。株や債券の値段が戻ってくると、安いときにたくさん買った分、解約返戻金は大きく増えます。

また、確率的には考えにくいことですが、これから永遠に世界経済が上向かなくなる可能性もゼロではありません。不況のときはとくにそんな不安も出てくるでしょう。

そんなときも、変額保険なら支払った金額以上に増やすことができます。

なぜなら、**解約せずに持っておいて、死亡したときに保険金で受け取ることができる**からです。つまり、死亡保険金まで含めれば、必ずお金を増やすことができるのです。

とくに夫婦の場合、年齢が近ければご主人が入ることをよりオススメします。女性のほうが平均寿命は長いので、ご主人の保険金で増えて受け取れる確率が高いからです。ご主人が亡くなったあとのお一人様期間の生活費などにすることもできます。お子さんを早めに入れておくのもオススメします。長期でお金を増やせるからです。

私が知るかぎり、投資で失敗した損までカバーができる唯一の金融商品、それが変額保険です。

ただ、生命保険の中でもマイナーな商品であるため、あまり知られていません。ファイナンシャルプランナーや金融機関の営業職でも、あまりくわしくない方が多いです。この本によって、変額保険がもっと世に広く知られることを願っています。

次項で、変額保険の具体的な入り方をお伝えします。

「お金を減らすのが怖い」方にピッタリなのが「変額保険」！

変額保険って何？

積み立てていくお金を、投資信託のように運用できる生命保険

- 株や債券などが入った投資信託で運用できる
- 解約したときに戻るお金（解約返戻金）は、運用によって増えたり減ったりする。最低保証はない
- 保険金には、運用が悪くても最低保証がある。運用が悪くても保険金は減らない。運用がいいときだけ、保険金（変動保険金）も増える

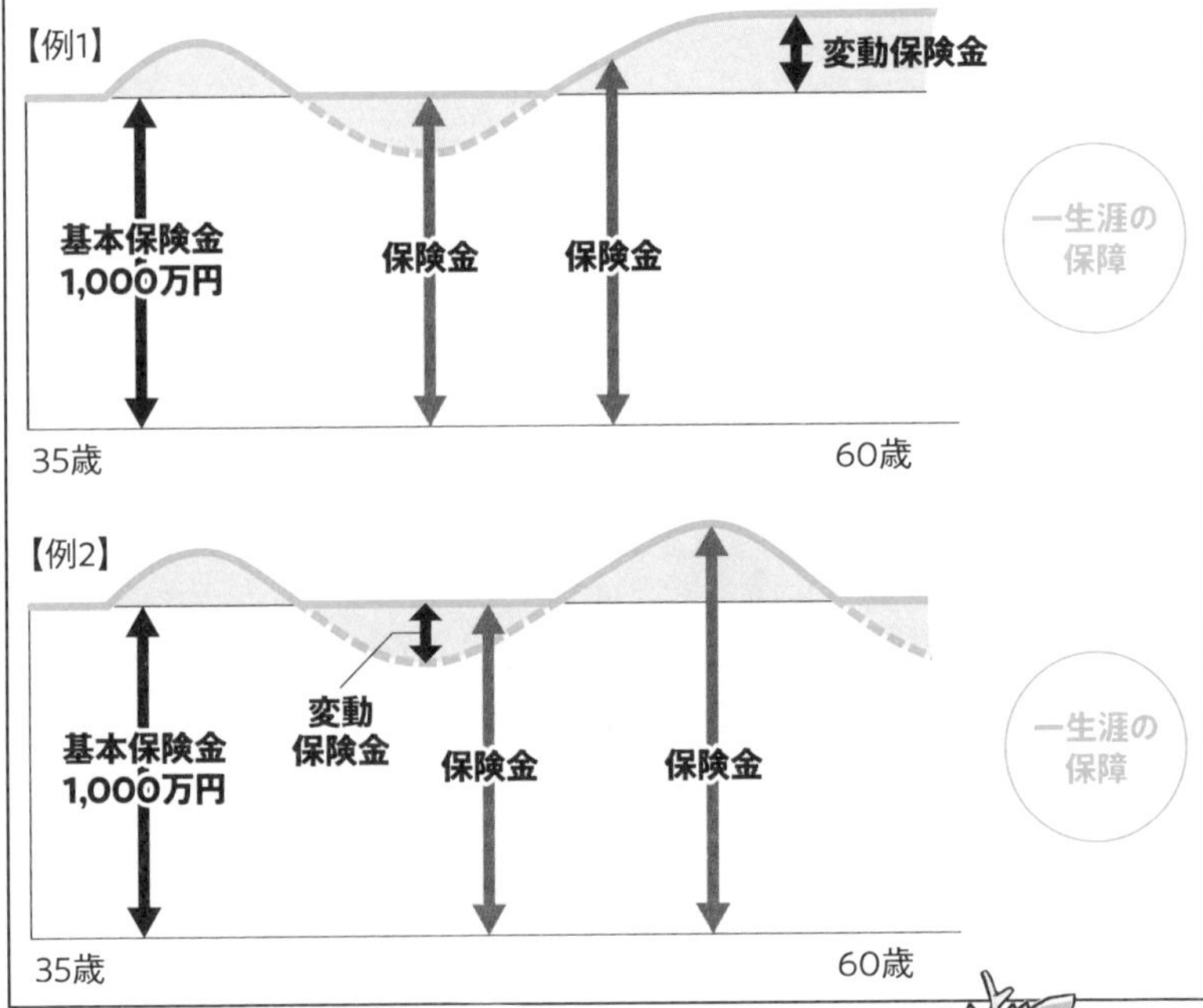

「投資」と「生命保険」を
一緒にやれる金融商品だよ！

金リュウ先生オススメ！保険も兼ねられる変額保険も投資デビューにピッタリ

「変額保険」のメリット・デメリット、オススメの入り方

メリット	・**生命保険料控除（一般生命保険）**の枠内であれば、所得税が安くなる ・**月々3000円**程度という、少ない金額からできるところが多い ・現金が必要になったときに、**解約して現金にすることもできる** ・ドルコスト平均法で、**価格が安いときにたくさん買える** ・長い期間をかけて投資ができるので、**安全に安定的に増やしやすい**。保障を兼ねているので、**長く続けやすい** ・世界に投資しているものを選べば、**世界経済の成長の果実を得られる** ・投資が失敗しても、**死亡保険としてお金を増やすことができる** ・解約返戻金が支払額より増えたときの利益（もうけ）は、一時所得になり、**年50万円まで税金がかからない**
デメリット	・解約のタイミングによっては、解約返戻金が積み立てた金額よりも減る可能性がある（これはどんな投資にも言えること） ※ただし、金融庁も出しているように、20年以上の世界分散投資で減ったことは、過去にはない ・生命保険なので、保障をするための経費もかかっている。支払ったお金のすべてが投資に回るわけではないので、投資信託より増え方は悪くなる
オススメのタイプは？	**終身タイプ** ※ただ、経営者の方で法人契約をするときは、期間のある「定期タイプ」もオススメ。法人の経費にできることがある
オススメの投資先は？	**「世界中のいろいろな企業の株と債券を買っている投資信託」** ※変額保険は、株の比率を上げるのもオススメ
オススメの買い方は？	**「変額保険」とインターネットで検索する** **HPの問いあわせフォームか電話で、相談の申しこみをする** **・ご夫婦の場合、年齢が近ければご主人が入るとよりいい** **・お子さんを早めに入れておくのもオススメ**

投資で失敗した損までカバーができる
唯一の金融商品が変額保険

増やす⑨

「変額保険」の終身タイプで世界に投資しよう

ここから、変額保険の具体的な入り方をお伝えします。

変額保険は投資を兼ねた生命保険なので、通販やインターネットでは入れません。だから営業の担当者からくわしい話を聞いて申しこみをする必要があります。

ただ、**変額保険は、どの保険会社でも売っているわけではありません。保険会社にとっても短期で利益が出にくいため、取りあつかう会社が元々少ない**のです。また、この10年で販売を中止した会社がいくつもあります。

本書執筆の時点で変額保険を取りあつかっている保険会社は、ソニー生命保険、プルデンシャル生命保険、アクサ生命保険、マニュライフ生命保険の4社です。

その中で、私が**とくにオススメしているのは「終身タイプ」を取りあつかっているソニー生命保険とプルデンシャル生命保険の2社**です。

変額保険の投資先は、保険会社によって「日本に投資するもの」「世界中に投資するもの」「アメリカに投資するもの」などがあります。**私はできるだけ広く分散してほしいので「世界中に投資するもの」をオススメします**（「増やす⑤」参照）。

さらに投資先は、株と債券に分かれます（「増やす⑤」参照）。つみたてＮＩＳＡは「株50％・債券50％」をオススメしました（「増やす⑦」参照）。変額保険の積み立ては、株の比率をもっと上げてもいいと私は考えています。運用成績が悪いときに「保険」だと思える方は、債券を入れて安全運用する必要がないと思うからです。

もちろん株50％・債券50％などでも問題ありません。営業担当者と相談しながら考えてみてください。

ただ、今後も取りあつかいの状況は変わるかもしれません。「変額保険」の申しこみをしたい方は、最新情報をインターネットで調べてみてください。

「変額保険」と検索すれば、変額保険を取りあつかっている会社のHPが出てきます。HPの問いあわせフォームか電話で、相談の申しこみをしてみてください。

ただし変額保険は生命保険なので、健康の状態によっては契約できなかったり、支払う保険料が高くなったりすることがあります。

健康などの理由で変額保険が契約できなかったときは、つみたてNISAを増やしたり、一般の投資信託を買ったりしましょう。

「変額保険」とインターネットで検索して相談しよう

変額保険を取り扱っている生命保険会社（執筆時点）

ソニー生命保険	・「世界株式型」「世界債券型」「総合型」など8つの入れ先がある **※終身タイプを扱っている**
プルデンシャル生命保険	・「米国株式型」「米国債券型」「総合型」など6つの入れ先がある **※終身タイプを扱っている**
アクサ生命保険	・「世界株式型」「世界債券型」「安定成長バランス型」など10の入れ先がある ※終身タイプは扱っていない
マニュライフ生命保険	・「世界株式型」「米国債券型」「グローバル・バランス型」など7つの入れ先がある ※終身タイプは扱っていない

健康状態によっては入れなかったり保険料が高くなったりすることもある。まずは気軽に相談してみよう

増やす⑩

プロにも負けない「お金の増やし方」をすぐにスタートしよう

5章では、お金がニガテでもプロに負けないお金の増やし方を紹介しました。

（1）投資先には「ヒト」「モノ」「カネ」があり、「ヒト」「モノ」にも分けよう
（2）「カネ」への投資は「世界中のいろいろな企業の株と債券を買っている投資信託」を買おう
（3）「毎月」「同じ金額」で、長い期間かけて買い続けよう
（4）具体的には「つみたてNISA」と「変額保険の終身タイプ」で買おう

これが、投資における「お金のセパレート・メソッド」です。

これだけで、プロに負けない投資をすることができてしまうのです。

機関投資家（銀行など、巨額の投資をしている組織）などのプロは「短期間で」増やしてお客さまに還元することが求められます。

その結果、さまざまに分析して、利益が出そうなところに集中して投資せざるを得ません。そのため、大きく増えることもあれば、大きく減らすこともあるのです。

それに比べて私たちは、「長い期間」をかけてじっくり増やすことができます。**投資先を世界中に広く分けて、安定的に運用することもできます。それによって、長い目で見ると、プロと同じ成績か、それ以上の増やし方までできてしまう**のです。

だから、あなたがお金を増やすためのとても重要なポイントは3つです。

・すぐに始めること
・長く積み立てること
・長く持つこと

この章をガイドにして、お金を増やす生活をスタートしていただけたら嬉しいです。

長い人生では、経済的に本当にピンチになり、貯金が尽きそうになることもあるかもしれません。そのときは「増やす①」でも紹介したように、ピンチを切り抜けるためにそれまで積み立ててきたお金を使ってください。そのときは、**つみたてNISAで増えているものから解約していき、次に金、その次に変額保険を解約する**といいでしょう。

そういったことが起きるまでは、とにかく長く持って、お金をじっくり増やしていきましょう。

5章の4つのポイント

①投資先には**「ヒト」「モノ」「カネ」**があり、**「ヒト」「モノ」にも分けよう**
②「カネ」への投資は**「世界中のいろいろな企業の株と債券を買っている投資信託」**を買おう
③**「毎月」「同じ金額」で、長い期間**かけて買い続けよう
④具体的には**「つみたてNISA」**と**「変額保険の終身タイプ」**で買おう

お金を増やすために大切な3つのポイント

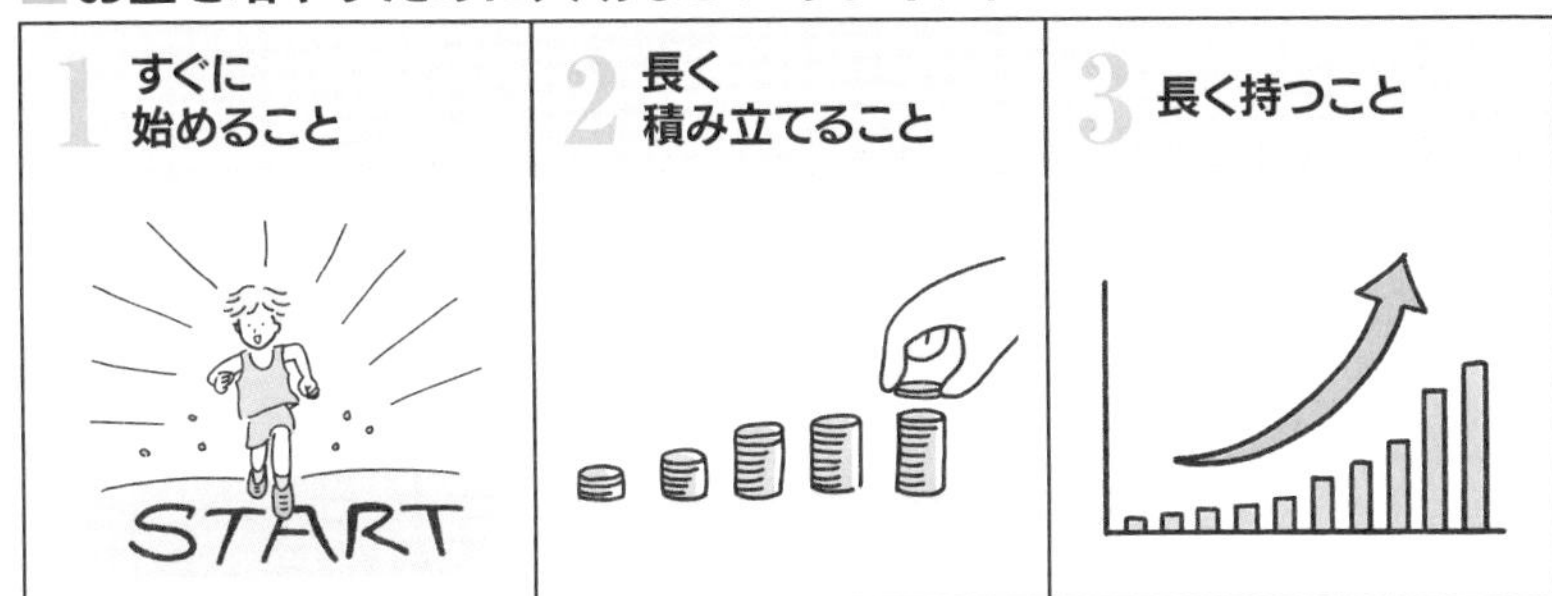

く分けて増やしていこう

カネ
●**タンス預金** 最低でも **生活費の** **1か月分** （1章④）  ●**貯金** **生活費の1～3年分** （4章） ●**投資信託** **とくに、つみたてNISA**（ニーサ） （5章⑤⑦） **財産の1～2割**  ●**生命保険** **とくに、変額保険** （1章⑨⑩、5章⑧⑨） **財産の1～2割**
4割 財産が少ないうちは、タンス預金と貯金で十分。お金に余裕が出てきたら、投資信託と生命保険で少しずつ積み立てて比重を上げていこう。

「お金のセパレート・メソッド」のまとめ

手取りの20%を「ヒト」「モノ」「カネ」にバランスよ

対象	ヒト	モノ
例	**自分** 「心（メンタル）を強くする」 「健康を目指す」 「稼ぐ力を高める」ことに投資 （2章） **財産の1～3割**  **他者（人脈）** 「心の支えになってくれる人」 「経済的な支えになってくれる人」 「高め合え、支え合える人」に投資 （5章④） **財産の1割** 	**金** まず10分の1ウォンス金貨、 次に1ウォンス金貨、その次に地金（じがね） （1章②③） **財産の1割**  **食料** 少なくとも1～2週間分。 専門家によっては 数か月～半年分（1章⑤）  FOOD STORAGE （不動産：貸したり売ったりできるマイホーム）（3章③～⑦）
推奨バランス	**2割** 自己投資が好きな方は「稼ぐ力を高める」ことの比重を2割～3割に上げても構わないよ。 他者への投資は1割を目安にしてね。	**4割** 財産が少ない方は、ここは1～2割で構わない。 マイホームを持っている方は、ここの比重が4割以上になっても問題ないよ。

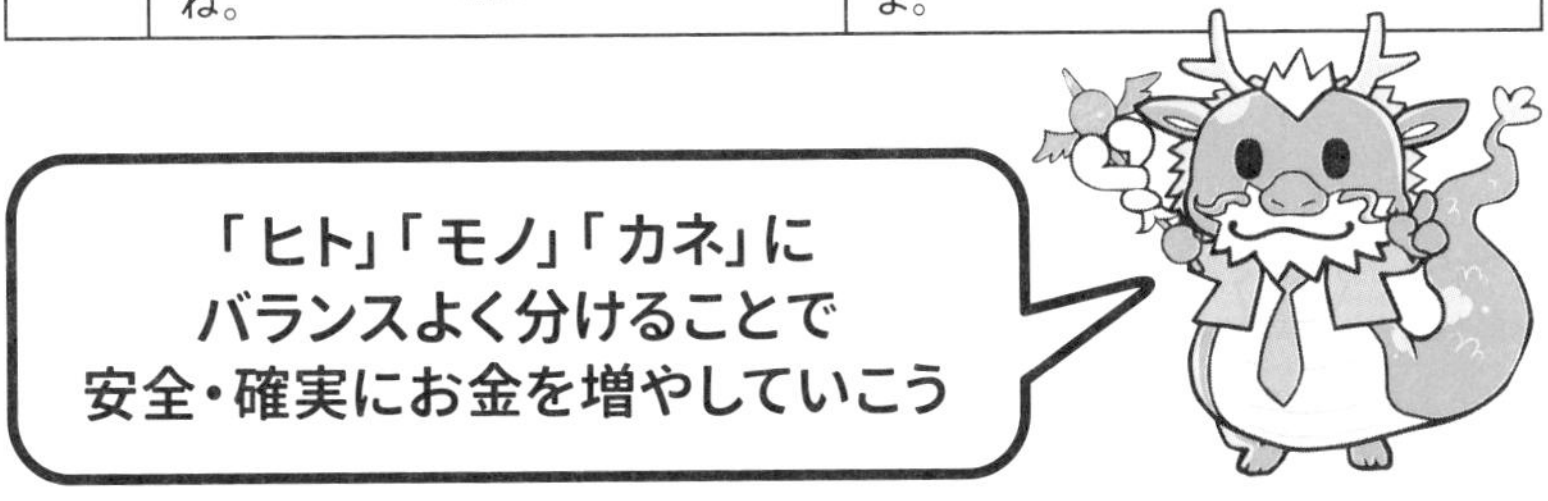

「ヒト」「モノ」「カネ」に
バランスよく分けることで
安全・確実にお金を増やしていこう

5章のポイント

- 「ヒト」「モノ」に分散して投資をしよう。
- 「世界中のいろいろな企業の株と債券を買っている投資信託」を買おう。
- 「つみたてNISA」「変額保険」で毎月、同じ金額で、積み立てをしよう。

やぁ僕は金リュウ先生だよ
んなの頼れる
お金の専門家
リュウ先生
お金への
安を身近に感じ
めている…
家計の
投資とかすべき…？
少しの行動をするだけでお金に不安がない安心な人生を送れるのに!!
その後の金子一家
じゃないよ
自分の人生を安心して生きることができる方法だよ
分ける…？悪いけどオレは難しい話は…
同じく…
お金が苦手な人のために
アアア

金リュウ先生に
いろいろなこと
を教わって

実践して
いった
ところ

僕らの人生は
前より
ずっと豊かで

とても幸せに
なっていった

…るんだって
きっと彼らは
思ってる

ハッ

でもそこで立ち止まるんじゃなくて
できることから始めてみて！
僕が教えた方法を実践していけば
世の中がどうなってもきっと大丈夫
不安に左右されずお金や人生と向き合えれば
自分の人生のハンドルを握ることができる
それを実現するために僕は…
この本は生まれたんだ!!

エピローグ

最後までお読みいただき、本当にありがとうございました。

新しい時代のお金との付き合い方として**「備える」「稼ぐ」「使う」「貯める」「増やす」**の5つの視点から時代を先取りする新しい方法をご紹介しましたが、いかがだったでしょうか。

ちなみに、最初から最後までお読みいただいた方は気づいたかもしれませんが、**この本では、お金の仕組みについてはあえて説明しませんでした。**

たとえば、「お金の機能」「金利（複利）」「インフレ」「為替」「円高・円安」などの話です。一般的なお金の入門書には当然出てくるはずのこれらの内容がないことに、違和感を持った方もいるかもしれません。

今回は「わかりやすさ」「読みやすさ」にとことんこだわりました。**お金がニガテな方でも直感的に理解でき、一歩踏み出せるような本にする、そこに挑戦したかったから**です。ご理解いただけたら幸いです。

お金の仕組みや、超入門の続き（中級編）を解説した本も、いつか出したいと考えています。

その前に、本を買ってくださったあなたへ感謝を込めて、動画セミナーなどを無料でプレゼントすることにしました。

紙面の都合で本には書ききれなかった内容も公開しています。ぜひご視聴いただけたら

嬉しいです。

※こちらから

https://facebook.com/groups/kanotoshi/

お金の対策をはじめると、自分への「自信」が手に入る

長年、お金の相談に乗ってきて、気がついたことがあります。

それは、**これまでお金についてまったく考えていなかった方がお金と向き合うようになると、顔つきが変わり、目の輝きが増していく**ということです。

これまで受け身だった方が、相談をきっかけに、人生に対して主体的で前向きになるのを目のあたりにしてきました。

また、投資などについて自分で判断できる知識を持てるようになると、自分に自信が出てくる方が多いのも実感しています。

そして、情報に振り回されにくくなり、気持ちも安定してくるのです。

お金と向きあうと「お金がニガテ」という意識はなくなっていく

そして、あれだけ「お金はニガテ」「お金はむずかしい」と言っていた方が、そういうことを言わなくなることが多いのです。

私は痛感しました。

その「お金はニガテ」「むずかしい」という言葉は、単なる「心のブレーキ」だったのです。

自分の人生を主体的に生きることを止めるための「言い訳」に使われやすいのが、お金だったんだ。そして、その心のブレーキは意外とカンタンに外すことができるんだ。

いまでは、それを実感しています。

自分の人生のハンドルを握ろう

新型コロナウイルスをきっかけにして、世の中は激変しました。

まるで「江戸から明治」「戦前から戦後」への変化のような時代の大きなうねり。それを感じているのは私だけではないと思います。

でも、そんな時代になったからこそ、お金や生き方について主体的に向き合うことがますます大切になると感じています。

どんなに激動の時代でも、変化に主体的に向き合っていれば、何とか耐えることができます。

あなたは、自分の人生の運転席に座る準備はできましたか？

自分の人生のハンドルを握って、この新しい時代を一緒に走り抜けていきませんか？

そのためにどんな一歩を踏み出せばいいのか。この本を通じて、あなたにそのすべてをお伝えしました。

この本が、あなたが人生を前向きに生きるためのガイドブックになれたら幸せです。

感謝の言葉

最後に、この本はたくさんの方に支えられて、無事に形にすることができました。この場を借りて感謝を伝えさせてください。

はじめに、私の最大のメンターである作家の櫻井秀勲先生には、文章の書き方から著者としてのあり方まで、多大なご指導をいただきました。89歳にして時代の先端を走り続けるカッコいい先生の背中を、これからも追わせてください。

私のファイナンシャルプランナーのメンターである、山崎隆先生に教えていただいたことがこの本の土台になっています。いつもご指導いただき、本当にありがとうございます。

櫻井門下生の兄弟子、作家の本田健さんには「お金と幸せに付き合うにはどうしたらいいのか」「人と対等につながるにはどうしたらいいのか」などについて、たくさんの知恵を学ばせていただいています。

作家の大野梨咲さんには、今回の本の内容についてのたくさんのアイデアとアドバイスをいただきました。いつもありがとうございます。

今回の本は、前職の金融機関の先輩方から教えていただいた知恵を、たくさん盛り込ませていただきました。前職で金融パーソンとしての土台をつくっていただきました。心から感謝します。

きずな出版の小寺裕樹編集長は、本書のアイデアを具体的な企画にしてくださり、形にしてくださいました。

漫画家・イラストレーターのどでんちゃん（土田千尋さん）には、金リュウ先生はじめステキなマンガを描いていただきました。

ビジネスパートナーであるビジネスコーチの黒田敏之さん、キャリアコーチの加藤晶子さん、山崎舞子さんにはたくさんの励ましや原稿執筆のサポートをいただきました。

とくに黒田さんからは、本のコンセプトの大きなヒントをいただきました。とても感謝しています。

「実践・読書会」を一緒に広めてくださっている、リーディング・マイスターのみなさんがいたからこそ、この本を出すことができました。みなさんの励ましの声が本当に力になりました。

とくに、運営にも関わってくださっている、みなもと美こさん、須藤美喜子・須藤英彦ご夫妻、櫻庭優子さん・富田祐美子さんには、本当に感謝しています。

そのリーディング・マイスターの方を中心に「出版サポートチーム」が結成され、原稿の段階からたくさんのアドバイスをいただきました。みなさんのアドバイスなしではこの本は完成しませんでした。

とくに運営をしてくださっている小川実那子さん・内田ユミさん・長尾影正さん・神谷虹色さん・かくばりゆきえさん、そしてお茶会を先導してくれた、しばたみかさん・村瀬礼子さんには本当にお世話になりました。ありがとうございました。

原稿を書いているとき、天国の祖父と祖母のことを何度も思い出しました。

銀行員だった祖父は、引退後も経済ニュースを毎日見て、投資をしていました。

小学生ながら、祖父の横で一緒にニュースを見ていたのが楽しい思い出です。

金融業界に挑戦するときも、祖父だけ大賛成してくれて、背中を押してくれました。いつも見守ってくれてありがとう。

父と母は、本の企画が通ってもいないときから「早く読みたいなあ」と心待ちにしてくれました。

2人が信じてくれていたから無事に本を世に出すことができました。とくに父は、原稿を全部読んでくれてアドバイスをしてくれました。本当に感謝しています。

この本は、7歳の息子への遺言のつもりで書きました。

息子が本を読めるようになったとき、父として恥ずかしくない背中を見せたいと思って、文字に想いを乗せました。

僕たちのところに生まれて来てくれて、本当にありがとう。

そして、いつも僕を信じて支えてくれている、人生の最大のパートナーである妻に心から感謝します。いつも本当にありがとう。

最後に。

何よりも、数あるお金の本の中で、この本を選んで読んでくださったあなたへ。

本当にありがとうございました。少しでもお役に立てていたら嬉しいです。

あなたといつか出会えることを心から願っています。最後までお読みいただき、ありがとうございました。

２０２０年、秋。東京の自宅にて

加納敏彦

スペシャルサンクス

感謝を込めて（敬称略　順不同）

小川 実那子
かくばり ゆきえ
神谷 虹色
長尾 影正
内田 ユミ
ルーヴルの魔女
平岡 精二
岡村 健太郎
三田村 忠仁
関根 仁子
和田 弘美
片岡 萌&きぃち
加納 勉
川島 和子
村瀬 礼子
大舘 恵津子
須藤 美喜子&英彦
小松 工芽
櫻庭 優子
齋藤 留美子
岡野 きほ
ウヅキ ヒロカズ
山本 多佳子

荒舩 裕子
中島 範尚
飯塚 直子
富田 祐美子
遠藤 由佳
小林 淳子
西沢 典子
ワタナベ エリ
おじま けいこ
そぶかわ さとこ
永遠 十彩
岡原 友紀
よしだ みなこ
稲垣 秀樹
若生 晃子
瀧田 裕一
青島 道子
常松 直美
ひぐち りえ
おの ゆりか
有田 進治
コヒラ レイコ
福嶋 仁
清水 由利恵
千葉 祥子
セラフィナ 沙羅
本田 貴子

山本 浩史
加藤 晶子
高野 民子
高梨 晃
長曽 康人
渡辺 佳代
吉川 陽子
津野 亜州加
志村 晃子
高嶋 美伽
松田 まりあ
金子 侑璃
安藤 康子
本田 吉幸
山田 真有奈
伊藤 千賀
しょこら
佐藤 ヒロコ
下之園 友子
日浦 千恵子
田中 一恵
古川 智美
小西 清美
公文 美由紀
笹岡 由美子
山崎 舞子
かずよ

千水
しばた みか
赤岡 千春
のむこ
齋川 夕子
かわい ゆみこ
川村 麻里子
赤星 実優
原田 絵理子
元内 康博
植村 友輝
びおりーの
長谷川 めいこ
酒井 順子
太田 光昭
とみかわ けいこ
大久保 邦恵
高尾 邦子
ヨシダ 佳代
但馬 優子
大谷 伸一
小池 久美子
雲丹亀 みほ
島元 弘樹
三上 弘恵
渕本 美穂

著者プロフィール

加納敏彦（かのう・としひこ）

お金の専門家（ファイナンシャルプランナー/コーチ）。２０００年、大学の教育学部を卒業して会社員に。２００８年、コーチ・講師として独立。２０１０年、大手金融機関からスカウトを受け、ファイナンシャルプランナー（営業職）になる。お金が苦手だった経験を生かした相談スタイルが人気となり、相談の予約が３か月待ちに。口コミとご紹介だけで相談人数が延べ５０００人を超え、全社の年間優秀賞「金賞」を５年連続で受賞。セールスマネージャーとしてもチーム総合評価でトップ１%になる。

2018年、金融商品の販売をしない、完全に中立的な「お金の専門家」として再び独立。資産運用や節税の対策はもちろん、起業・副業のコンサルティングから家族の悩みの解決までをトータルにサポート。独立後も多くのお客様から強い信頼を得て、口コミで相談者が増え続けている。お金が苦手な方の気持ちに寄り添い、人生を前向きに考えるきっかけになることを心掛けている。

「お金を理由にせず、人生を自分で切り拓く人を増やしたい」という想いで活動を続けている。

公式ウェブサイト　https://kanotoshi.com
無料Facebookグループ　https://facebook.com/groups/kanotoshi/
オンラインサロン　https://resast.jp/conclusions/6060

3分でわかる！　お金「超」入門

2020年12月1日　第1刷発行

著　者　加納敏彦

発行者　櫻井秀勲
発行所　きずな出版
東京都新宿区白銀町1-13　〒162-0816
電話03-3260-0391　振替00160-2-633551
https://www.kizuna-pub.jp/

ブックデザイン　池上幸一
マンガ　どでんちゃん
本文図版　五十嵐好明（LUNATIC）
図版内イラスト　力石ありか

ISBN978-4-86663-126-4

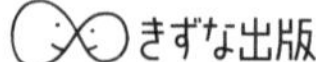